지금은 강사 전성시대

지금은 강사 전성시대

초 판 1쇄 2023년 07월 11일

지은이 권은예 김규인 김영애 김은주 김창범 민혜영 박은주 심규나 이현주 정영혜
펴낸이 류종렬

펴낸곳 미다스북스
본부장 임종익
편집장 이다경
책임진행 김가영, 신은서, 박유진, 윤가희, 정보미

등록 2001년 3월 21일 제2001-000040호
주소 서울시 마포구 양화로 133 서교타워 711호
전화 02) 322-7802~3
팩스 02) 6007-1845
블로그 http://blog.naver.com/midasbooks
전자주소 midasbooks@hanmail.net
페이스북 https://www.facebook.com/midasbooks425
인스타그램 https://www.instagram/midasbooks

© 권은예 김규인 김영애 김은주 김창범 민혜영 박은주 심규나 이현주 정영혜, 미다스북스 2023,
Printed in Korea.

ISBN 979-11-6910-275-9 03190

값 17,000원

미다스북스는 다음세대에게 필요한 지혜와 교양을 생각합니다.

꿈을 선물하는 10인의 강사 이야기

지금은
강사 전성시대

The heyday of the instructor

권은예 김규인

김영애 김은주

김창범 민혜영

박은주 심규나

미다스북스

이현주 정영혜

새로운
탄생

우리는 죽었다. 그리고 다시 태어났다. 20명 모두. 여기저기 흐느끼는 소리가 들린다. 억지로 울음을 참아보려 하지만, 이내 통곡하고 말았다. 우리가 함께 울어야 하는 이유는 무엇이고, 의미는 무엇일까? 삶에 대한 후회와 설움. 각자 다른 삶을 살다가 '강사'라는 직업으로 생을 마감했을 우리. 지금부터라도 후회 없는 삶을 살기 위한 새로운 도약이었다. 자신이 원하는 삶을 상상하고, 더 큰 비전과 목표, 꿈을 이루었을 때의 행복과 기쁨. 그 짜릿한 감정을 느꼈다. 자신이 원하는 것을 반드시 이루어 낼 것이라 믿었다. 우리는 함께였고, 하나였다.

지난 4월 5일부터 4월 7일까지 〈국민강사교육협회〉 최고위 명강사 과정이 열렸다. 2022년 1월 1일 설립한 우리 협회가 만 1년 3개월이 지난 때였다. 새로운 도약을 위한 도전이었다. 전임교수, 대표강사, 수석강사, 전임강사. 배움에 대한 열정과 왕성한 활동을 한 강사들에게 주어진 직책이다. 그중에서 명강사 20명을 뽑아 트레이닝하고, 더 높은 곳을 향한 비전을 안고 출발하기 위한 과정이었다. 2박 3일간 강원도 태백에 위치한 오투리조트에서 합숙 프로그램을 진행했다. 강사 역량 강화는 물론, 이들에게 꼭 필요한 교육이 무엇인지 연구에 연구를 거듭해 기획하고, 프로그램을 짰다. 3일 동안 우리는 '하나'가 되었다. 함께 먹고, 자고, 공부하고, 아이디어를 나누고, 울고 웃었던 시간. 그동안 진행했던 프로그램 중에서 가장 기억에 남을 과정이다. 강사가 된 지 10년이 넘은 강사도 있고, 1~2년 정도 된 강사도 있었다. 그동안 쌓아온 경력보다 앞으로 쌓아갈 경력이 더 많은 강사다. 나의 꿈이 강사들의 꿈이 되고, 강사들의 꿈이 나의 꿈이 되기도 했던 가슴 벅찬 감동의 순간들. 오랫동안 기억될 것이다. 첫날과 이틀째는 잠자는 시간 빼고는 강사 역량 강화로 공부만 했다. 리더십, 강사 이미지 메이킹, 강사 멘탈 코칭, 명강사학개론, 파워 렉처, 보이스 트레이닝, 스피치 등. 마지막 3일째는 치유, 힐링 프로그램으로 야외 수업을 했다. 마지막 프로그램은 임종 체험이었다. 이 과정을 준비한 이유는 강사의 책임과 의무를 다하고 죽음을 맞이할 때, 이름 세 글자 남기고 죽자는 의미였다. '강사'라는 직업을 가진 수만 명 중에서 〈국민강사교육협회〉 명강사로서의 삶과 죽음. 아직은 먼 미래지만, 남은 시간 동안 우리가 명강사의 역할이 어떤 것인지, 새로운 다짐이 필요했다. 새벽부터 분주하게 움직여서 오투리조트에서 아침 식사를 끝으로 퇴실했다. 하늘 아래 첫 동네 태백. 하늘 다음 태백. 매봉산 바람의 언덕에 올랐다. 손을 뻗으면 하늘에 닿을 것만 같은 대자연에서 우리는 또 한 번 명강사로서의 다짐을 했다.

강원도 정선. 구불구불한 길을 따라 도착한 곳은 임종 체험관이었다. 입구에 들어서면서부터 숙연해진다. 과연 나는 죽음 앞에서 어떤 생각을 할까? 덤덤하기도 하고 왠지 두렵기도 했다. 최고위 명강사 20명 모두 엄숙했다. 나처럼 같은 생각을 하는 걸까. 며칠 전부터 박은주 전임교수가 준비한 영정 사진이 진열된다. 검은색 리본 띠까지 두르니까 진짜 영정사진 같았다. 기분이 묘했다. 사진 속 모습은 모두 웃고 있었다. 젊었다. 멋있고 예뻤다. 만약 내가 지금 죽는다면 그 사진이 영정사진이 될 수도 있을 것 같았다. 딸들이 가장 먼저 생각났다. 사진 앞에서 울고 있을 내 새끼들. 맨 뒤 책상 위에 영정 사진을 진열해 두고 '죽음 준비' 교육을 받았다. 전승일 대표의 교육은 두 번째이다. 울렸다가, 웃겼다가 사람을 들었다 났다 하는 교육에 푹 빠져서 들었다. 한 시간가량 교육받은 후 임종 체험관으로 이동했다. 어두컴컴한 곳이었는데, 영화나 드라마에서 듣던 곡소리가 나왔다. 30여 분 죽음을 앞둔 암 투병 환자 가족 이야기 동영상 시청을 했다. 역시 죽음은 슬프다. 동영상 속 가족의 아픈 사연을 보면서, 죽음이 예정된 사람들 가족의 태도와 환자의 모습은 감동적이었다. 언젠가는 떠나야 하는 게 삶의 이치지만, 가족의 죽음은 더 아프고 슬픈가 보다.

이제 유언장 쓰는 시간이다. 작은 책상 위에 내 영정 사진과 그 옆에는 '유언장'이라고 쓰여 있는 용지가 있었다. 고요함 속에 우리는 유언장을 쓰기 시작했다. 펜이 움직여지지 않는다. 무엇을 써야 할지 막막했다. 미리 써갔으면 좋았을 텐데. 보통 유언장에는 재산 상속에 관해 쓰는 걸로 알고 있는데, 자식들에게 물려줄 만한 재산이 없었다. 첫 줄에 "미안해!"라고 썼다. 두 번째 줄에도 "미안해!"라고 썼다. 구구절절 10줄 넘게 미안하다고만 썼다. 참았던 눈물이 쏟아졌다. 잘해준 것보다 못 해준 게 더 많았던 아이들 생각에 입술을 깨물어도 울음소리가 크게 나왔다. 결국 미안하다는 말밖에는 물려줄 게 없었다. 모두 참았던 눈물이 폭발했는지 음악 소리보다 울음소리가 더 컸던 시간이었다.

　이제 옆에 놓인 수의를 입으라고 한다. 곱게 정돈된 연한 노란색의 수의. 입관식 때만 보았던 수의를 내가 입으려니 묘한 기분이 들었다. 내 몸보다 훨씬 큰 수의를 입고 등 뒤에 있는 끈으로 허리를 감싸고 꽉 묶었다. 안내에 따라 관으로 들어가 누웠다. 관 뚜껑이 닫힌다. 못 박는 소리가 들린다. 눈을 감았다. 두렵고 무서운 줄 알았던 죽음. 평안했다. 행복했다. 나에게 말했다. "김규인! 참 예쁘게 잘살았다. 잘 살아냈다." 후회가 없었다. 강사가 되고 싶은 절실한 마음에 꿈을 이루었다. 하고 싶은 일 마음껏 했다. 사람들에게 희망과 용기를 주는 강사였다. 분명 국가에, 국민에게 도움 되는 일을 하다 생을 마감했다. 그리고 생각했다. 드디어 사랑하는 사람들, 보고 싶은 사람들 곁으로 가는구나! 감동의 눈물이 흘렀다. 남편, 엄마, 아버지. 그토록 그리웠던 분들. 잘 살다 왔다고 자랑스럽게 여기며 나를 따뜻하게 안아줄 사람들. 이것이 행복한 죽음이구나! 생각보다 죽음은 무서운 게 아니었다. 관 속에서 생각했다. 언젠가는 덤덤하게 받아들여야 하는 죽음 앞에서 더는 딸들에게 미안하지 않도록 자랑스러운 엄마가 되어야겠다고. 먼 훗날 하늘나라에서 만나게 될 남편의 자랑스러운 아내, 자랑스러운 딸로 돌아가겠다고. 국가와 국민을 위해 헌신하며 내 이름 세 글자 남기고 가겠다고. 죽음은 후회 없는 삶이었기에 행복했다.

새로운 탄생. 관 밖으로 나오라는 안내 멘트가 나왔다. 빔 스크린에 '새로운 탄생'이라는 문구가 있었다. 우리는 서로 다시 태어남을 축하해 줬다. 같은 날, 같은 시간에 우리는 다시 태어났다. 내년 4월 7일, 돌잔치 꼭 하라는 전승일 대표님의 말씀을 끝으로 마무리가 되었다.

최고위 명강사 20명 배출. 그중에서 10명의 작가가 탄생한 이 책은 명강사들의 치열한 삶을 작게나마 공개한다. 이 책은 강사를 꿈꾸는 이들과 현직 강사들에게 더 큰 비전과 희망을 안겨 주리라 믿는다. 〈국민강사교육협회〉 최고위 명강사로서 이름을 남기고 죽자는 다짐을 더욱 굳세게 다져 보는 프로젝트. 함께 기획하고 준비와 마무리까지 도움 주신 〈국민강사연구소〉 정영혜 대표, 글 쓰는 삶을 몸소 실천하며 솔선수범하는 〈송주하글쓰기아카데미〉 송주하 대표, 함께이기에 가능했던 도전에 기꺼이 해내신 10명의 작가에게 고개 숙여 깊이 감사드린다.

3장
내가
만난 사람들

4장
강사의
비전

1장

나는 이렇게
강사가 되었다

The heyday of the instructor

01

네 아이의 엄마!
강사가 되다

(권은예)

아버지 없이 자란 내가 강의를 한다니.

아버지는 내 나이 13살! 아카시아 꽃향기가 진동하던 5월에 돌아가셨다. 모내기하러 나가셨다가 갑작스레 내 곁을 떠나셨다. 그 누구보다 아버지의 손길이 필요할 나이에 당신은 내 곁에 없었다.

나에게는 세 분의 아버지와 두 분의 어머니가 계신다. 한 분은 나를 이 세상에 태어나게 하신 생부 권창균 아버지! 두 번째 아버지는 〈누네요양보호사교육원〉의 김병태 교수님! 세 번째 아버지는 인생 이모작을 짓게 해주신 〈서울사회복지대학원대학교〉의 권육상 명예총장님이시다.

한 분은 소중한 나를 낳으신 사랑하는 양순연 어머니! 두 번째 어머니는 나를 최고위 명강사로 만들어 주신 〈국민강사교육협회〉 김규인 대표님이다.

가정주부로서 역할을 충실히 하고 있던 2015년 무더운 여름! 동네 친한 동생이 찾아왔다. 요양보호사 자격증을 취득하자는 이유였다. 동생은 사이버대학교에 편입해서 사회복지를 전공해 졸업을 앞두고 있었다. 담당했던 지도 교수님이 요양보호사교육원을 운영하고 있어서 그곳에서 교육을 받자는 것이었다. 그렇게 갑작스레 김병태 교수님과의 첫 만남이 이루어지게 되었다.

선견지명이었을까! 첫 만남에서 교수님은 "강의를 하면 잘할 것 같다."라는 말씀을 하셨다. 요양보호사 수강생으로서의 만남 자리에서 갑자기 대학원 진학 얘기로 화제가 바뀌었다. 더 들어볼 것도 없이 "아이들 키우기도 바쁘고 들어가는 돈이 많은데 나한테 투자할 돈이 어디 있냐."라며 단칼에 거절했다. 교수님과의 첫 만남은 그렇게 끝이 났다.

요양보호사 교육을 듣기 위해 수원으로 다니며 김병태 교수님과의 만남도 이어졌다. 지속적인 권유로 내 안에 있던 공부에 대한 욕심이 꿈틀대기 시작했다. 교수님과의 첫 만남에서 했던 그 말이 공부 욕구에 불을

댕긴 듯하다. 한번 결심하면 무조건 밀고 나가는 불도저! 시작하면 끝을 보는 악바리 근성! 끈기의 여인! 그게 나다. 그 이후 교수님의 조언대로 대학원에 진학하여 석사과정을 밟게 되었다. 교수님이 운영하시는 〈누네요양보호사교육원〉 원장을 맡아 근무를 하라고 하셨다.

그러던 2017년도 2월 어느 날! 우연히 밴드에 올라온 글을 보게 되었다. 〈평택시사회복지협의회〉의 아동·청소년 복지 교육 강사 양성과정 공지글이었다. 5일간의 교육 일정이라 망설여졌다. 꼭 해보고 싶은 마음에 서류를 넣었다. 며칠 후 서류 합격 발표가 나자마자 교육에 기필코 참여해야겠다는 일념으로 교수님께 휴가를 달라고 말씀드렸다. 〈평택시사회복지협의회〉 아동·청소년 복지 교육 양성과정! 5일간의 집합교육을 받고 시연을 거쳐 최종 합격이라는 영광스러운 통보를 받았다. 나의 첫 강사로서의 길은 그렇게 시작이 되었다. 열정과 노력, 끈기, 인내심 그리고 감사패 등 이 모든 것이 7년 동안 쌓인 결과이자 성과물이다.

강사로서의 두 번째 기회가 찾아왔다. 대학원 박사과정 중 교육원을 운영하는 후배가 입학했다. 박사 후배이지만 인생에서는 선배인 언니! 강사계에서도 활발하게 활동하고 이름도 알려진 대선배 강사! 지금은 인천 부평구 의원으로 활동 중인 〈한국교육컨설팅개발원〉 허정미 대표님이다. 대학원에서 매주 만나다 보니 서로에 대해 다양한 얘기를 나누게 되었다. 선배 강사는 어떤 강의를 하냐는 질문부터, 자세히 물어보기 시작했다.

2018년 어느 날! "은예야! 네가 아이들, 학생들 강의만 하다 보니 말투에서 유아어가 나온다. 강의 폭을 넓혀 보는 게 좋을 듯해. 그러려면 성인들 대상 강의를 준비해 보자."라고 하였다. 선배 강사가 운영하는 교육원에서 열리는 과정들을 들으며 미친 듯이 자격증을 늘려나갔다. 강사로서 갖추어야 하는 다양한 자격증을 취득했다. 그렇게 〈한국교육컨설팅개발원〉의 전임강사가 되었다.

세 번째 기회가 생겼다. 덕분에 원하던 분야에서 강사로서의 길을 걷게 되었다. 2022년 1월 11일! 핸드폰으로 톡 문자가 왔다. 인천 〈한국컨설팅교육원〉에서 함께 자격과정에 참여하셨던 분! 1년에 한두 번 명절 때 안부 메시지를 보내시던 S 강사님이셨다. 〈국민강사교육협회〉 오픈채팅방이었다. '이게 뭐지?' 하고 보고 있는데 '전국 강사 톡 방입니다. 얼른 들어오세요. 7121요.'라는 메시지와 함께 보내왔다. 좋은 일이 생길 거라는 행운의 말과 함께.

처음 듣는 협회였다. 하루에도 수십 건의 글들이 올라왔다. 톡이 울릴 때마다 어떤 내용인지 궁금해 열심히 보기만 했다. 그러던 어느 날! 생명존중·자살예방 교육 특강을 한다는 공지가 떴다. 눈이 번쩍 뜨였다. 자살! 자살하겠다는 셋째 아들로 인해 3년간을 가슴앓이 해 온 긴 시간! 피를 말렸던 순간들이 주마등처럼 스쳐 지나갔다. 자살예방 교육이라는 단어밖에 들어오지 않았다. 그렇게 뭔가에 홀리듯 교육과정에 참여하게 되었다. 열심히 듣고 적으며 강의에 집중했다.

　김규인 대표님은 교육을 듣고 나면 모두가 10분 분량으로 PPT를 준비해 시험 강의를 치러야 한다고 했다. 편하게 준비하라는 말씀도 함께 해 주셨다. 드디어 시험 강의하는 날! 낯선 사람들 앞에서 모두가 지켜보는 가운데 김규인 대표님과 정택수 교수님께서 평가한다. 강의한 것을 토대로 개별적으로 피드백을 해 주셨다. 가슴이 두근두근했다. 비대면이라 더 떨리는 것이었을까? 무사히 마쳤다. "바로 강의 나가도 되겠다."라는 김규인 대표님의 피드백! 정말 눈물이 날 정도로 기뻤다. 이렇게 난 〈국민강사교육협회〉 전임강사로, 〈한국자살예방센터〉 전임강사가 되었다.

　소속감이 생겨서일까! 전문 강사가 되고 나서부터는 애착이 더 생겼다. 협회에서 주최하는 거의 모든 과정에 참여하게 되었다. 한 과정씩 할 때마다 시험 강의를 한다. 재교육도 한다. 그 어디에도 없었던 시스템! 강사 한 사람 한 사람을 끌어주고 당겨주며 밀어주는 곳이다. 이곳에서 소중하고 귀한 인연을 만났다. 현재 난 〈국민강사교육협회〉 최고위 명강사! 사단법인〈국제웃음치료협회〉 전임교수로 성장해 가고 있다.

　네 명의 아이를 키우며 끊임없이 공부하고 도전하는 나! 주변 사람들은 모두 그런 나를 보고 잘될 거라며 응원한다. 나폴레온 힐이 말했다. "인내와 끈기, 피나는 노력이면 반드시 성공한다." 성공하는 나의 꿈을 이루기 위해 오늘도 도전한다.

02

자신의 능력을
의심하지 말고 믿어라!

(김규인)

미쳤다. 다 미쳤다. 나만 정상이다. 교육장에 들어설 때부터 뭔가 이상했다. 짜고 치는 고스톱 같았다. 과할 정도로 친절했다. 강사가 되고 싶어서 처음 문을 두드린 곳. 실망만 하고 돌아온 날. 이제는 추억의 한 페이지가 되었고, 그날을 발판 삼아 강사가 되었다.

2016년 10월. 쭈뼛쭈뼛 서성이다 시간이 다 되어서야 용기를 내 안으로 들어갔다. 교육장이 좁은 건지, 사람이 많은 건지는 모르겠는데 어수선했다. 최대한 앞에서 눈에 안 띄는 곳을 찾아 창가 쪽 맨 뒤에서 두 번째 줄에 앉았다. 모든 게 낯설었다. 오전 9시부터 오후 6시까지, 일요일인 다음 날까지 이어지는 교육이다. 종일 웃어야만 하는 교육. 다들 아무렇지 않게 잘도 웃는데 나만 못 웃는다. 35만 원. 이 돈을 벌기 위해 그렇게 많은 사람이 나를 속이는 건 아니겠지 했다. 이 길은 나의 길이 아닌 것 같아서 실망만 하고 돌아온 첫날. 서울에서 수원까지 차 막히는 주말 시간에 오가며 오만 생각이 다 들었다. 기대와 설렘으로 간 건 아니지만 내가 가고자 하는 길. 강사가 되는 길을 찾고 싶었다. 사기일지도 모른다는 생각. 일단 돈이 아까워서 다음 날 다시 갔다. 마찬가지다. 또 종일 웃기만 해야 하는 교육이다. 머릿속엔 온통 그곳을 어떻게 빠져나가야 할지만 떠올랐다. 점심시간에 그냥 집에 갈까? 그냥 도중에 도망갈까? 오후 4시다. 총 16시간 교육에 이제 두 시간 남았다. 쉬는 시간 10분 후 그곳에 있는 사람 모두 기대에 부푼 환호성을 질렀다. 어마어마한 분이 등장하나 보다 했다. 멀뚱멀뚱 사람들 표정을 살피며 구경만 했다. 건장한 남성분이 등장한다. 그것도 부채로 얼굴을 가린 채. 사람들의 흥분과 환호성은 좀처럼 가라앉지 않았다. 연예인보다 더 유명한 사람인가 했다. 교육 시간이 바뀔 때마다 줄곧 안내했던 여성분의 소개 멘트는 더 요란했다. 박수 소리에 귀까지 멍했다. 드디어 그 남성분의 모습이 드러났다. 〈국제웃음치료협회〉에서 제일 높은 사람. 회장이라고 했다. 두 시간가량 뭐에 홀린 듯했다. 사이비 종교 교주 같았다. "박장대소 시작!"이 멘트만 나오면 사람들은 온몸으로 미친 듯이 웃었다. 제정신이 아니었다. 그 조직에 들어가면 나도 왠지 미친 사람 취급받을 것만 같았다. 이틀 동안 강사 자격과정에서 내가 배우고 싶은 것은 강사가 되는 길이었다. 어떻게 하면 강사가 될 수 있고, 강의를 할 수 있는지만 관심사였다. 그런 과정 안내는 하나도 없었다. 사기. 사이비 종교. 이것만 머릿속에 맴돌고 실망만 하고 돌아온 날이지만, 이후 나의 삶은 달라졌다. 지금의 '내'가 될 수 있었던 발판이었다.

이미지 변신. 변화가 필요했다. 2000년부터 시작했던 학원 보조 교사에서 선생님. 원장. 17년 동안 학생들만 가르쳤던 내가 웃음 치료를 한다고? 할 수 있을까? 이런 의심을 할 새도 없었다. 그냥 무조건 해야만 했다. 강사가 되고 싶다는 꿈은 20대 때부터 가진 간절한 소망이었다. 닥치는 대로 하다 보면 경험이 되고, 진정한 강사의 길, 내가 가고자 하는 그 길. 찾을 수 있을 거라 믿었다. 부모님 고향이 안동이라서 유교 사상이 철저한 집에서 자랐다. 여자 목소리가 크면 안 되고, 여자는 크게 웃어도 안 된다고 배웠다. 더구나 남편 없는 여자는 웃어서도 안 되고, 행복해서도 안 된다고 생각했다. 웃음치료사가 되었다는 말에 친구나 가족, 지인들은 볼 때마다 "웃겨 봐!" 이랬다. 내가 무슨 개그우먼도 아니고 불쾌했다. 웃음의 효과를 정확하게 알고, 나도 웃을 수 있는 사람, 웃어도 되는 사람, 행복해도 되는 사람이라는 걸 깨닫고 나서야 진정으로 웃을 수 있었다. 괜찮았다. 생각보다 어렵지 않았다. 나를 진심으로 아껴주고, 사랑해 주는 것. 그동안 내 인생에 불만만 가졌던 삶, 항상 어두운 구석에서 쭈그리고 앉아 고개 푹 숙이고 울고 있는 나의 모습만 그렸던 삶. 그런 나를 용서했다. 내 잘못이 아니었다. 마음속에 응어리진 얼음덩어리를 제거하고 나서 활짝 웃게 되었다. 피부는 윤기가 나고 생기가 돌았다. 모든 순간이 감사하고 행복했다. 강의만 할 수 있다면 뭐든지 다 하고 싶었다. 뭐든지 다 했다. 웃음치료사로 요양병원, 경로당 등 작은 무대부터 시작했다. 그다음 인권 교육, 법정의무교육, 친절 교육, 리더십, 기업 교육은 물론, 기관 단체 등 점점 무대가 커지고 경험도 많아졌다. 8년째 강사의 길을 걸으면서 지금은 인재를 발굴하고 강사를 육성하는 일도 병행한다.

지난 5월 6일. 배달의 민족으로 간장게장을 시켰다. 뭘 먹을까 고민하며 스마트폰으로 뒤적거리다가 선택한 메뉴다. 따끈따끈한 흰 쌀밥에 게장을 넣어서 쓱쓱 비비고 달걀부침까지 곁들어 먹으면 좋겠다는 생각에 군침이 돌았다. 저녁 7시에 시킨 간장게장은 대기 시간 50분이라고 했다. 8시가 넘어도 초인종 소리는 들리지 않았다. 허기졌다. 연휴니까 주문량이 많겠거니 하면서 허기를 달래려고 한라봉 하나를 순식간에 먹었다. 낯선 전화번호로 전화가 온다. "여보세요! 간장게장 시키셨죠? 늦어서 죄송합니다. 5분 후쯤 출발할게요." 20대쯤으로 보이는 어린 아가씨의 전화였다. 친절하다고 생각했다. 자주 이용하는 앱인데 아무리 배달이 늦어도 이렇게 전화 온 적은 없었기 때문이다. 5분 후에 출발한다던 그 간장게장은 9시가 다 되어서야 도착했다. 두 식구. 2인분 시켰다. 딸 진이는 갑자기 저녁 약속이 있다고 나가는 바람에 혼자 먹어야 했다. 뭐 상하는 음식이 아니니까 내일 먹으면 되겠지 하고 1인분은 냉장고에 넣어 두고 1인분을 펼쳤다. 정성스럽게 포장된 음식에 기대도 크고 배가 고파서 비닐도 대충 뜯었다. 게장을 먹기 좋게 가위로 몇 조각을 내서 잘랐다. 금방 한 것 같은 밥 한 젓가락을 입에 넣었다. 어라? 이게 뭐야! 이게 밥이라고! 생쌀을 불려 놓은 것 같은 밥. 밥이 되다가 말았다. 쌀이 안 익었다. 게장이 맛있으면 집에 해둔 밥이랑 먹으면 된다. 게장은 괜찮겠지 잔뜩 기대하고 한 입 베어 무는 순간, 본능적으로 뱉었다. 짜다. 많이 짜다. 쓰다. 많이 쓰다. 광고에는 안 짜다고 했다. 속았다. 이걸 말해야 하나. 그냥 먹어야 하나. 간혹 TV에서 보면 배달 음식 진상 고객들 이야기가 나오는데 내가 전화하면 나 또한 진상 고객이 되는 건가. 10여 분간 화가 치밀어 올라 도저히 먹을 수 없는 음식을 어떻게 해야 할까 하다가 '초보! 왕초보! 음식점'이라는 느낌이 들었다. 용기를 내어 전화했다. 밥이 안 익었다, 게장이 짜고 쓰다. 불만을 호소했다. 1인분은 뜯었으니 어쩔 수 없고, 1인분은 그냥 가져가라고 했다. 환불 안 해줘도 된다고 덧붙였다. "고객님! 죄송합니다. 죄송합니다. 죄송합니다. 제가 급하게 밥을 하는 바람에 그런 가 봅니다. 게장은 제가 먹어봐도 짜고 쓰네요. 배민에 전화해서 환불 요청하겠습니다." 진심이 묻어나는 목소리였다. 안쓰러웠다. 25살이란다. 내가 첫 손님이란다. 그 게장과 밑반찬은 직접 만든 게 아니라 어디선가 사 와서 파는 거라는 의심도 들었다. 환불 해준다는 소리에 마음은 누그러졌지만, 남의 일 같지 않았다.

만약 그 아가씨가 내 딸이라면 어땠을까. 어린 나이에 뭔가 해보려고 도전하는 그 아가씨 패기와 마음이 예뻤다. 사정 이야기를 솔직하게 털어내 준 그 아가씨가 고마웠다. "용기 내세요! 처음에는 누구나 실수합니다. 응원할게요." 하고 전화를 끊었다. 음식 버리는 거 별로 안 좋아하는데 어쩔 수 없이 버려야 했던 음식들. 전문성 없이 그저 뛰어들었던 음식점 사장. 불특정다수 많은 이들의 입맛을 다 맞출 수는 없다. 어떤 마음으로 준비해서 오픈했는지, 더 깊은 사정은 뭔지 알 수는 없지만 한참이나 나의 직업 '강사'와 연결 짓게 되었다. 강사도 처음은 있고, 그 아가씨 사장처럼 실수도 있을 터다. 처음부터 하나하나 가르쳐 준 사람이 없었기 때문에 많은 시행착오를 겪으며 터득해 낸 일. 강의 날짜가 정해지면 온 힘과 에너지를 쏟아서 몰입에 몰입을 더하여 겨우 교안 작성. 한 시간에 몇 장 분량의 교안이 필요한지도 모르고 무작정 돌진해 나갔던 나. 그 과정에서 실패하고, 피드백하고, 다시 수정 보완했다. 한 시간 강의를 위해 수십 시간 투자해야 했던 현실. 2022년 12월 말 기준 2,111회 강의. 그 속에 내 눈물과 피와 땀이 서려 있을 이력들. 아무리 힘들어도 단 한 번도 '포기'를 생각하지 않았다. 앞으로 강사로 크게 성공할 내 미래를 의심하지 않았다. 나 자신을 믿었다. 그 과정에서 숨은 끼와 재능도 발견했다. 나의 능력을 의심하거나 포기했다면 지금의 '내'가 있을까? 자기 능력을 믿는다면 사람들도 그 강사의 능력을 믿어줄 것이다.

　나는 이렇게 강사가 되었고, 더 높은 곳을 향하여 한 계단씩 올라가는 진정한 강사가 되어 가고 있다. 간장게장 식당. 그 어린 사장님도 자기 능력을 의심하지 않고 믿으며 성공의 길로 한 계단씩 올라가기를 바란다.

03

꿈꾸는 사람의 여정은
행복해!

(김영애)

　시간이 흐르면서 강사가 되기까지의 과정과 자격증을 따는 과정은 파노라마다. 지금 여기에 서기까지의 과정을 나누고 싶다.

　학과를 정할 시기인 고등학교 3학년 때, 유아교육과를 가고 싶었다. 그런데 큰 장애물이 생겼다. 바로 아버지였다. 아버지는 내 꿈을 인정하기보다 '여자는 음식 잘하고 살림 잘하면 그게 최고야.'라는 조선 시대의 사고방식으로, 유아교육과보다 식품영양과 가기를 바라셨고 그렇게 되었다. 대학을 다니면서도 '나는 만족함이 없었네'라는 노래의 가사가 항상 맴돌았지만, 그 학과에 최선을 다해 다녔다.

　포기란 없었다. 공부와 동아리 생활을 열심히 했다. 학교 임원도 제안을 받았다. 그때 경험들이 나의 학창 시절을 회상할 수 있는 추억이 되었다. 졸업을 하자 내가 원하던 꿈이 다시 생각났다. 유아들 대상으로 하는 한솔교육에 입사하여 가정방문 교사로 열심히 활동했다. 아이디어를 내어 다양한 놀이도 계발했다. 10년 근속상을 받았고 승진의 기회도 생겼다

　내 삶의 형태에 변화가 일어나기 시작했다. 바로 결혼이었다. 나는 평생 서울 토박이로 살았다. 그런데 지방 사는 남자를 만나 충남 보령에서 살기 시작했다. 시골살이에 적응해야 했다. 정착하기 위해 자격증을 알아봤다. 처음 딴 자격증은 풍선아트 자격증이었다. 서울에서는 인기 있는 자격증이었지만 보령에서는 모르는 사람이 많았다. 선택하게 된 가장 큰 이유는 주일학교 교사를 하고 있을 때라, 여름성경학교에서 풍선 장식을 하고 싶었기 때문이다. 그 계기로 보령에서 이벤트 사업가로 급성장을 하며 20년째 운영 중이다. 영업도 모르던 내가 직접 뷔페마다 앨범을 돌리기 시작했다. 반응이 시큰둥했지만 포기하지 않고 영업을 계속했다. 나의 방식은 그곳 사장님들과 안면을 트고 친하게 지내는 것이었다. 친화력 있는 성격이 도움이 됐다. 그러면서 보령이 발전하면서 풍선 장식가로 자리 잡았다. 유치원에 다니는 아들 생일파티 때 매장 이름을 알

렸다. 사업의 번성을 맛보기까지 많은 사람을 만났다. 점차 그러면서 평일을 채울 방도를 생각했다. 10년의 세월이 흘렀고 그동안 부지런히 자격증을 땄다. 풍선아트, 종이접기, 리본아트, 북 아트, 클레이아트, 쿠키 클레이, 비즈, POP 디자인 지도사, 리본아트, 폼 아트&냅킨아트 등을 땄다. 이걸 계기로 어린이를 위한 자격과정을 진행할 수 있었다. 이 시간 동안 아이들과 소통할 수 있었다.

그 후 5년 동안 어른&청소년들을 위한 자격과정을 공부했다. 강사의 길을 가겠다고 정하진 않았지만 2016년부터 성경통독을 하면서 사람 세우는 일을 하고 싶다는 열망이 생겼다. 8년째 통독과 암송과 필사를 하며 은혜를 누리고 있다. 어른들과 청소년을 대상으로 실버 놀이 지도사, 아동 오감놀이 지도사, 노인 심리상담가, 웃음 체육 지도사, 치매예방 및 인지활동 지도사, 스피치 지도사, 가족 회복 지도사, 성폭력 예방 지도사, 학교 밖 청소년 코칭 지도사, 금연 금주 코칭 지도사, 소프트웨어 전문과정을 취득했다. 청소년 대상의 강사로 활동했다. 청소년들을 살리는 일에 적극적으로 노력했다. 거리 불문하고 나를 부르는 곳이면 어디든 달려갔다. 아이들의 영혼을 살리는 일이라 생각해서 시작하게 되었다.
캘리그래피, 취업지도 코칭 지도자, 자기소개서 첨삭 지도자, 중소기업이해 연수 지도자 과정을 마쳤다. 취업캠프, 진로캠프, 인성캠프 강사로 지원하며 나아갔다. 청소년 강의가 나의 강점이 되었다. 고등학교에서 강의할 때 힘들 때도 있었다. 하지만 그럴수록 열정을 불태웠다. 청소년이 의식이 깨어나면 나라가 살 수 있다는 생각을 갖고 강의했다. '생명나무 연구소'라고 지어 활발하게 활동하기 시작했다.

안전지도사로 교통안전에 대한 강의를 하기 시작했다. 통합 폭력 예방 지도사, 웰다잉 지도사, 생명존중 전문 강사로 활동했다. 코딩 강사 양성 과정을 마치고 강사로 활동을 했다. 지역아동센터 센터장님이 호원대 편입 제안을 해주셔서 2년 동안 대학을 다니며 내 안에 열정을 불태웠다. 공부하고 싶어 하는 열망이 내 안에 있음을 새삼 느끼게 되었다. 그러면서 좋은 사람들을 더 많이 만나게 되었다.

내가 기억하는 첫 번째 강의는 보령 교육청 풍선아트 순회 강사로 인근 섬 광명초등학교에 갔다. 차를 타고 대천항 해안 터미널에서 표를 끊었다. 점심을 먹고 약 20분을 기다렸다. 출발한다고 배에 오르라는 방송을 듣고 배에 탔다. 근처 섬이 많다고 들었지만 직접 가보기는 처음이다. 배가 타이타닉처럼 엄청 크다. 배가 달리면서 나오는 흰 파도 물결이 예뻤다. 여름이라 더웠지만 불어오는 바람은 시원했다. 곧 도착한 섬은 원산도였다. 지금은 보령에서 해저터널이 뚫려 30분만 가면 원산도에 갈 수 있다. 이때는 직접 배를 이용해야 갈 수 있었다. 원산도에 도착하니 선생님께서 기다리고 계셨다. 반갑게 인사하고 자동차를 타고 학교에 도착했다. 교무실에서 시원한 커피를 주셔서 마셨다. 모든 갈증이 한 번에

싹 사라졌다. 교실로 안내해 주셨다. 아이들과 인사했다. 아이들이 빨, 주, 노, 초, 파, 보라 등의 풍선을 골라서 불었다. 모두가 한 개씩 불어 떨어뜨리지 않기 게임을 했다. 소리 지르며 열심히 놀았다. 2시간 동안 풍선 놀이를 했다. 요술 풍선을 불어 강아지, 토끼 등 다양한 동물도 만들어 봤다. 모두가 즐겁게 마무리를 하고 다시 배를 타고 나왔다. 뉘엿뉘엿 해가 지고 있었다. 강의 여행은 즐거웠다.

내 최종 목표인 대학교수의 꿈을 이루기 위해 광운대학원 서비스경영학 심리 안전을 전공하러 서울에 다니고 있다. 일주일에 두 번 가는 대학원은 힐링 그 자체다. 몇 시간이 걸려 도착한 교정의 향기는 내가 살아 숨 쉬고 있음을 느끼게 해준다. 공부하며 박사 코스까지 생각하고 있다. 교수님과의 만남은 내 인생의 터닝 포인트가 되었다. 조수현 강사를 만나며 새로운 기회가 생겼다. 〈국민강사교육협회〉의 소개로 활동하면서 지금까지 접해 보지 않았던 신세계를 맛보고 있다. 카리스마 있는 회장님을 통해 다양한 지도력을 배울 수 있다. 훌륭하신 강사님들의 대처 능력과 노하우를 보면서 성장해 나가고 있다. 새해가 밝은 지 엊그제 같은데 벌써 5개월이 지났다. 지금까지는 작은 역할을 하며 나를 만들어 갔다면 이제는 보다 넓은 세상을 만나 소통하고 싶다. 만나는 모든 사람에게 희망의 메시지를 전하는 강사가 되고 싶다.

내가 가장 좋아하는 문구인 "꿈꾸는 자는 반드시 그 꿈이 이뤄진다."라는 말이 떠오른다. 꿈을 위해 나의 루틴을 만들었다. 훌륭한 명강사가 되기 위해 첫째, 매일 책을 읽을 것이다. 둘째, 매일 블로그 포스팅을 할 것이다. 셋째, 한자 공부와 캘리그래피 연습을 꾸준히 할 것이다. 항상 나를 사랑하고 존중할 것이며 노력할 것이다. 나 자신을 사랑할 줄 알면 다른 사람도 사랑하는 마음이 생긴다. 〈국민강사교육 협회〉의 최고위 명강사가 되도록 노력할 것이다.

04

아픔과 시련은
터닝 포인트의 기회다!

(김은주)

"유방암입니다."

의사의 입에서는 생각지도 않았던 단어가 튀어나왔다. 갑자기 깜깜한 세상으로 떨어지는 기분이 들었다. 눈물이 주르르 흘러내렸다. 옆에 앉아 있던 남편도 많이 놀랐는지 계속 되물었다. 나는 오열했다. 남편은 울고 있던 나의 손을 힘주어 잡아 주었다.

처음에는 원망하는 마음이 들었다. 그동안 게으름 피지 않고 성실히 살았다고 생각한다. 살아오면서 다른 사람에게 해를 끼친 적도 없는데 '왜, 나에게?'라는 생각이 들면서 신을 원망하게 되었다. 아침에 눈을 뜨는 게 싫었다. 눈을 떠서 잠들 때까지 나의 머릿속은 부정적인 생각들로 가득 차 있었기 때문이다. 주변에서 위로의 말들을 많이 해 주었지만, 그 말 듣는 것조차 듣기 싫은 시간이었다.

세상에 대한 원망의 감정은 수술하고 항암치료 기간까지 계속되었다. 항암치료가 끝나고 방사선치료를 받게 되면서부터는 마음의 여유가 찾아왔다. 아마도 몸이 좀 덜 고달팠던 모양이다. 방사선치료를 위해 입원한 선병원 바로 옆에는 공원이 잘 조성되어 있었다. 처음에는 병원에만 있기 답답해서 공원으로 나간 것인데 천천히 걷다 보니 기분이 달라지는 것을 느낄 수 있었다. 그래서 매일 아침, 저녁으로 1시간 정도씩 산책하는 시간을 가졌다.

산책하면서 마음이 좀 편안해져서일까? 그동안 살아 온 날들에 대해 생각하게 되었다. '무엇을 위해 그토록 주말도 반납하고 쉬는 날 하루도 없이 일만 하고 살았니? 무엇 때문에?' 나에게 질문을 던져보았다. 쉬지 않고 일을 하는 것에 당연한 것으로 생각하며 살았다, 생각할수록 그동안 나를 전혀 돌보지 않았다는 것을 깨닫게 되었다. 나에게 미안한 마음이 들었다. 공원을 걸으면서 어깨가 들썩일 정도로 펑펑 울었다. 깜깜한 밤 쓰고 있던 마스크로 눈물을 닦으며 '은주야, 매일 일만 하면서 그동안 행복했니?'라는 질문에 '그래. 행복했어!'라고 자신 있게 말을 할 수가 없었다.

그 이후로 공원을 걸으면서 '행복하게 살기 위해 앞으로 무엇을 하면 좋을까?', '어떤 일을 해야 후회하지 않을까?' 생각했다. 병실에 있는 내내 인터넷 검색을 했다. 다른 사람들은 어떻게 살아가고 있을까? 찾아보면서 새로운 세계에 눈을 돌리기 시작했다.

"하하하하하하" 웃음소리가 끊이지 않는 곳은 바로 웃음 지도 교육이 진행되는 교육원. '나를 위하는 길, 즐겁게 살기 위해 무엇을 해야 할까?' 라는 고민 끝에 내린 결론은 '웃음'을 배우는 일이었다. 웃음을 제대로 배워서 생활 속에서도 활용할 수 있는, 웃음이 넘치는 삶을 살아보자고 결심했기 때문이었다. 웃다 보면 행복한 일이 많이 생기고 웃으며 사는 삶이야말로 나를 위하는 길이라고 생각했다.

남들은 내가 잘 웃는 얼굴이라고 말했다. 하지만, 하루 8시간 웃음 교육을 받으면서 웃는 게 매우 힘들다는 생각을 처음으로 했다. 내가 웃음에 대해 너무 쉽게 생각한 것 같다는 생각이 들었다. 얼굴에 경련이 일어나는 것 같고, 억지로 웃는 게 부자연스럽다는 생각이 들었다. 잘못 선택한 것 같다는 후회가 들었다. 교육이 진행되는 도중 집에 가버리고 싶다는 생각도 들었다. 웃음지도사 강사 양성 자격과정에 돈을 많이 냈는데 포기하기에는 아깝다는 생각이 들었다. 끝까지 버티기로 했다.

그런데 신기하게도 시간이 지날수록 어색하던 웃음이 조금씩 조금씩 자연스러운 웃음으로, 정말 행복해서 웃는 것 같이 느껴졌다. '내가 지금 행복한 일이 있나? 나 뭐 즐거운 일이 있나?'라는 생각이 들었다. 교육이 완전히 끝날 때쯤에는 박장대소 웃음법이 아주 편안하고 자연스럽게 나왔다.

그런데 거기서 끝이 아니었다. 웃음 지도 교육 이후로 작은 변화가 생겼다. 마음 한구석에 신나는 보물 주머니가 들어 있는 것처럼 그 주머니를 열어 다양한 보물을 만나고 싶다는 생각이 들었다. 처음에는 내가 행복하기 위해 웃음을 배워야 한다는 생각만으로 교육원을 찾았었다. 그런데 교육원에서 공부하면 할수록 웃음 지도 외에도, 강사로서 역량을 펼칠 수 있는 다양한 교육들이 많다는 것을 알게 되었다.

그동안 강사라는 직업은 나와는 아주 먼 얘기라고만 생각했었다. 그런데, 교육원 원장님께서는 성실히 배우고 익히면 훌륭한 강사가 될 수 있다고. 나와 강사라는 직업이 잘 어울린다며 지금처럼 꾸준히 공부하면 된다는 용기를 주셨다. 내 앞에 교육생들이 있고 교육생들 사이에 내가 있는 모습이 낯설게 느껴지지만은 않았다. 강사라는 직업이 나랑 잘 맞을 것 같은 생각이 들었다. 강사라는 직업에 도전하기로 마음먹었다.

그때부터 시험 강의와 공부를 반복했다. 시간을 내서 교육원 원장님 청강을 다니면서 열심히 공부했다. 청강을 다니면서 강의 분야가 생각했던 것보다도 훨씬 다양하다는 것도 알게 되었다. 청강을 통해 강사로서 지켜야 할 이미지 메이킹이나 기본 예절, 담당자와의 상담 기법 등 교육 대상자들과의 소통 방법 등 강의에 적합한 조언 등을 학습할 수 있었다. 강사라는 직업으로 발돋움하는 데 청강이 아주 큰 도움이 되었다. 같은 주제인데도 달라지는 교육 대상자에 따라 소통 방법이 달랐다. 교육 대상자에 따라 전달해 주는 내용도 조금씩 달라질 수 있는 게 더욱 매력적으로 다가왔다. 교육원에서 공부하고 청강을 반복하면 할수록 마음에서 뭔가 뜨거운 것이 밀려오는 느낌이 들었다. 강사라는 직업으로 교육생과 만나면 '나도 행복할 수 있겠다'는 확신이 들었고 그 이후로 더욱 열심히 공부하게 되었다.

요양보호사 보수교육으로 의사소통 2시간 강의가 잡혔다. 그 교육으로 드디어 강사로서 첫발을 디디게 되었다. 200여 명의 요양보호사들이 무대 앞에 있는 나를 쳐다보는 눈길에 심장이 튀어나올 것 같았다. USB를 꽂고 준비하는 동안 머릿속이 복잡 미묘했다. 강의안들이 뒤죽박죽 마구 섞이는 기분이 들기도 했지만 설렘도 느껴졌다. 서두르지 않고 초보 티 내지 않고 중간중간 심호흡을 해가며 진행하다 보니 교육생들의 눈빛이 들어오기 시작했다. 등급을 받으신 어르신들 댁으로 방문하는 요양보호사들이라 어르신들과 쉽게 할 수 있는 치매 예방 손유희와 체조 등을 의사소통과 연결해 준비했더니 반응이 매우 좋았다. 교육을 끝내고 밖에 나오니 명함을 달라고 몇 분이 기다리고 있었다. 우와!! 그때까지 명함도 없었는데 말이다.

첫 강의를 끝내고 강사라는 직업이 더욱 매력적으로 다가왔다. 앞으로 강사로서 전국을 누비며 교육생들에게 메시지와 울림을 전할 수 있는 강사가 되자고 마음을 먹었다. 강사라는 직업은 나에게 딱 맞는다는 확신이 들었다. 강의를 마치고 돌아오는 길 희열이 느껴졌다. 이렇게 나는 강사가 되었다. 유방암을 앓고 나서야 나에게 맞는 직업을 찾을 수 있게 되었다.

아픔과 시련이 찾아오면 으레 '왜 나에게만 이런 시련이 오는 것일까?'라는 부정적인 생각만 들게 된다. 그 시간이 지금까지의 삶과는 다른 삶을 살 수 있는 터닝 포인트가 될 수 있다는 것을 알지 못한다. 힘든 시간이 지난 후에야 비로소 알게 된다. 이제는 고통이 찾아오면 '또 어떤 선물을 주려고?'라는 생각을 한다. 시련은 고통이 아니다. 전화위복의 기회가 찾아왔다고 관점을 바꾸기만 하면 되는 것이다.

05

구청장에서 강사로
변신하다

(김창범)

명예 퇴임식 날이다. 가족과 함께 강당으로 향했다. 입구에 안내 여직원 두 명이 웃으며 반갑게 맞이해 준다. "축하드립니다. 그동안 수고 많으셨습니다. 청장님." 하며 양복 왼쪽 주머니에 꽃사지를 꽂아준다. 여직원의 안내에 따라 식장 안으로 들어선다. 피로연장처럼 강당 안은 원탁으로 꾸며져 있었다. 각 원탁에 둘러앉아 있던 내빈과 직원들이 일어나 박수를 보내준다. 이곳저곳에 "청장님, 사랑합니다. 그동안 수고 많으셨습니다. 감사합니다."라는 소리가 들린다. 가볍게 목례를 하고 가족석 팻말이 붙은 탁자로 가족을 안내했다. 맨 앞줄 가운데 원탁에는 시의회 의장님을 비롯한 여러 의원이 앉아 있다. 그 옆 탁자에는 각 동의 주민자치 위원장과 각 봉사 단체 임원, 동료 선후배 직원들이 앉아 있다. 강당 뒤쪽엔 미쳐 자리에 앉지 못한 유관 기관 직원들과 지인들의 모습이 보인다. 맨 앞줄로 가서 한 사람 한 사람씩 악수하며 인사를 나누고, 가운데 준비된 자리에 아내와 함께 앉았다.

'제16대 김창범 팔달구청장 명예 퇴임식'이라는 플래카드가 전면 중앙에 걸려 있다. 대형 축하 화환, 예쁘게 꽃을 피운 양난 등이 단상을 가득 메우고 있다. "지금부터 평생 공무원으로서의 직무를 수행하시다, 오늘 명예롭게 퇴임하시는 김창범 구청장님의 명예 퇴임식을 시작하겠습니다." 사회자의 안내로 퇴임식이 시작된다. "먼저 시장님의 임용장 수여가 있겠습니다." 단상 위로 천천히 걸어 올라갔다. '지방공무원법 제66조의 2에 따라 그 직을 면함. 2018년 1월 5일 수원시장.' 임용장을 받고 제 자리에 다시 앉았다. 순서가 이어지고, 마지막으로 '영상 메시지'가 정면 화면에 비친다. 그간의 구정 활동을 CD에 담아 영상으로 틀어주었다. 영상 사진이 돌아갈 때마다 가슴이 뭉클뭉클했다. 이제 공직 생활을 마무리하는구나. 코끝이 찡하다. 잠시 눈을 지그시 감았다.

지방공무원으로 발령받고 만 39년 2개월이란 세월이 흘렀다. 고등학교 졸업하던 해, 공무원이란 직업에 대한 개념도 미래에 대한 계획도 없이 시험에 응시했다. 그렇게 선택한 직업이 평생직장이 될 줄은 꿈에도 몰랐다. 돌아보니 결코, 짧지 않은 시간이 흘렀다. 공무원이라는 이름으로 살았던 지난날의 삶이 영화 필름처럼 지나간다.

첫 임용장을 받았던 1978년 11월 21일의 일이 생생하게 떠오른다. 수원시장으로부터 발령장을 받고 첫 근무지인 영화동 사무소를 찾아갔다. 출입문을 열고 사무실로 들어섰다. 순간 다리에 떨림이 느껴진다. 입이 마르는 것 같았다. 들고 있던 발령장을 이쪽저쪽으로 나도 모르게 옮겨 쥐어 본다. 관공서라는 느낌보다는 그냥 어수선한 분위기였다. 좁은 사무실에 민원인과 직원들이 엉켜 있었다. 왁자지껄한 소리, 등초본을 발급하는 복사기 돌아가는 소리, 등사 잉크의 특유한 냄새가 진하게 코를 자극한다. 출입문 가까이에 있는 직원 쪽으로 갔다. "저 오늘 처음 왔는데요." 하며 발령장을 보여준다. "저 뒤 사무장님한테 가보세요." 뭐가 그리 바쁜지 쳐다보지도 않고 말한다. 온몸이 뻣뻣해지는 것 같다. 사무장 명패가 놓인 책상 앞으로 갔다. 자그마한 체격에 머리는 벗어지고 두꺼운 안경을 썼다. 아버지보다도 나이가 훨씬 많아 보였다. 기다렸다는 듯이 일어나더니 김창범 씨냐고 묻는다. 쥐고 있던 발령장을 내민다. 사무장은 발령장을 뺏듯이 낚아채 읽는다. 그리곤 안경 너머로 눈을 치켜뜨고 한동안 나를 위아래로 훑으며 쳐다본다. 엄하게 꾸짖는 듯한 표정과 목소리로 "동장실로 들어오세요." 한다. 영문도 모른 채 사무장을 따라 들어갔다. "공무원이 스웨터를 입고 출근하면 됩니까, 안 됩니까?" 다짜고짜 꺼낸 스웨터 이야기에 순간 얼굴이 빨갛게 달아올랐다. 정신이 멍해졌다. 경제적 문제 등 여러 사정이 여의치 않았던 때라 양복 입을 처지가 아니었다. 그때를 떠올려보면 그저 쓴웃음만 나온다. 참 가슴 아팠던 시간이었다. 당시 사무장은 양복을 입지 못한 내 사정과 마음을 헤아려 보았을까. 공직의 첫날이 그렇게 시작되었다. 엊그제같이 느껴지는데 벌써 40여 년이 흘러 퇴임식장에 앉아 있다. 또 다른 삶의 시작이었다.

"정 선배님, 안녕하세요. 잘 계시죠? 상의드릴 일이 있어 전화드렸습니다." 2019년 12월, 당시 수원시 산하 공공기관에서 상임 이사 겸 경영기획본부장으로 재직 중이던 때였다. 공무원 퇴직 후 감사하게도 공공기관에서 근무하게 되었다. 하지만 계약이 끝나면 조직을 떠나야 한다. 인생 2막의 삶을 어떻게 할 것인가를 늘 고민하고 있었다. 그러던 중 어릴 때 한동네에 살던 초등학교 1년 선배의 '강사로서의 삶의 이야기'를 페이스북을 통해 알게 되었다.

 2019년 12월 어느 쌀쌀한 토요일 오후, 정 선배와 함께 주택가 골목에 있는 아담한 다방의 탁자에 마주 앉았다. 옛 가요가 흘러나오고, 대형 화분과 커다란 어항이 있다. 어느 유명 가수 노래에 나오는 그러한 분위기의 다방이었다. 정 선배 가족과는 어릴 적 한동네에서 그것도 50m도 안 되는 거리에서 친하게 지냈던 사이였다. 따끈한 다방 커피를 마시며 그간의 안부를 나누었다. 오랜만에 어린 시절의 모습으로 돌아갔다. 이제는 나이가 들어서인지 살도 찌고, 머리도 벗어졌다. 세월의 흐름을 실감

할 수 있었다. 부모님들의 안부와 자식들의 근황을 나누며 이야기 속으로 빠져들었다.

정 선배는 자신의 얼굴과 손에 진하게 남아 있는 화상 자국을 보여주며, 강의 활동을 하게 된 사연을 이야기해 준다. 대기업 안전팀에 근무하던 어느 날, 화재로 얼굴과 팔 등 온몸에 화상을 입었다고 한다. 입원 치료와 퇴사 등 고통과 방황의 시간이 길었다고 한다. 기업에 근무할 때 전문 영역이 '시설 관리와 안전'이었기에, 이를 중심으로 강의를 시작했다고 한다. 성공한 강사가 되기 위해 어떻게 살아왔는지, 화상 자국으로 인한 외모의 불편함과 타인의 시선을 어떻게 견뎠는지, 남보다 잠도 더 줄일 수밖에 없었고, 책을 더 치열하게 읽을 수밖에 없었다는 경험을 들려준다. 그러는 사이 다방 종업원이 빈 잔에 커피를 다시 채워준다.

"김 청장, 강의하고 싶다고 하셨죠? 청장님 근황은 저도 페이스북을 통해 잘 보고 있었어요, 근무하시면서 대학 등에서 강의도 하며 열심히 살고 계시던데요?" "네. 선배님, 그동안 공직 등에서의 경험을 바탕으로 강의하고 싶어요. 이제 1년 정도 시간이 지나면 후배들에게 자리를 내어주고 조직을 떠나야 합니다."

정 선배는 핸드폰을 꺼내 몇 사람과 전화 통화를 한다. 누구에게는 강사님, 또 다른 누구에게는 장로님, 교수님 등의 호칭을 쓴다. "제 어릴 적 동네 후배가 있습니다. 공무원으로 구청장까지 하고 공무원 연수원 등 공공

기관과 대학, 지방의회 의원들을 대상으로 강의를 해오고 있는 후배입니다. 내년이면 모든 공조직을 떠나야 한다면서, 본격적으로 강사로서의 활동을 하고 싶다고 합니다. 소개해 드리고 싶은데 괜찮으신지요. 시간 되시면 만나주면 감사하겠습니다." 강사로서 제2의 삶을 위한 출발이었다.

2020년 3월 모든 공조직을 떠난 후, '이화여대 최고 명강사 과정', 〈(사)한국지도자아카데미〉, 〈국민강사교육협회〉, 〈(주)CnG교육코칭센터〉 등 다양한 교육 프로그램에 참여했다. 강의에 도움이 될 수 있는 자격증 과정도 수강했다. 가는 곳마다 열기가 넘쳤다. 토해내듯 강의하시는 전문 강사들, 작은 것 하나라도 놓치지 않으려고 메모하는 예비 강사들. 그 틈에서 나는 하루하루 강사가 되어가고 있었다.

"책 많이 읽으셔야 합니다. 공부 많이 하셔야 합니다. 잠도 아마 줄이셔야 할 겁니다. 대학 강의와는 다를 겁니다. 행동의 변화를 포함해서 많은 변화를 경험하게 될 것이고 또 변해야 할 겁니다." 구 서울역사 내에 있는 커피숍에서 만난 오랜 세월을 강사로 활동하고 있는 강사협회의 어느 임원의 말이 기억난다. 박웅현 님의 『여덟 단어』에 이런 문장이 나온다. "모든 선택에는 정답과 오답이 공존합니다. 지혜로운 사람들은 선택한 다음에 그걸 정답으로 만들어 내는 것이고, 어리석은 사람은 그걸 선택하고 후회하면서 오답으로 만들죠." 나는 강사의 길을 선택했다. 나의 선택을 '성공'이란 정답으로 만들기 위해 매일 노력할 것이다.

06

생생하게 꿈꾸면
이루어진다

(민혜영)

전문직으로 10년 이상을 일했다. 그래픽 디자이너로 대기업에서 중소기업, 개인기업에서 일했다. 이 일은 나에게 천직이었다. 내 꿈은 아트 디렉터가 되는 것이었다.

대학 때 모임 'Best +1'이라는 같은 과 동기들을 만나 수다를 떤다. 영화를 보고, 서로의 생각을 공유하는 시간을 갖는다. 불꽃 튀는 이야기를 나눈다. 우리의 대화는 어떤 주제가 나와도 늘 그렇다. 커피숍에서 작은 케이크 하나를 보고도 서로의 생각을 얘기한다. 특히, 식품 관련 회사에 다니는 한 살 어린 동생 주희(가명)는 아이디어가 톡톡 튄다. 말 센스가 좋다. 주희는 아직도 솔로여서 일하고 해외여행 다녀오기를 반복하며 살아가는 동생이다. 한마디로 자유로운 영혼이다. Best +1은 언니, 친구, 동생 등 6명으로 이루어진 모임이다. 대학 때 모두 장학금 멤버이고 한 명만 CC(Campus Couple)였다. 장학금 멤버를 뜻하는 Best와 CC 한 명을 뜻하는 +1을 합쳐서 모임 이름을 지었다. 내 꿈과 함께 한 Best +1이다.

졸업 후 모두 서로 다른 분야의 디자이너로 살고 있다. 라틴어로 '예술'이라는 의미를 담고 있는 아르스(ARS)로 모임 명을 개명했다. 지금까지 아르스는 이어져 오고 있다.

대기업 그래픽 디자이너로서 4년 정도 일을 했다. 3년 후 대리를 달았다. 하지만 무료함은 찾아온다. 고등학교 때 읽었던 에세이 중에 4년마다 회사를 바꿔야 한다는 내용이 생각난다. 그 기간이면 모든 프로세스를 완벽하게 알 수 있다고 했다. 일할 때 3~4년 시기에 가장 많은 일을 한다. 그만큼 매너리즘에 빠지기 쉽다.

거래처 이사님이 제주도에서 서울의 디자이너를 영입하고 싶어 한다고 알려 주었다. 제주도에서 살아보고 싶은 생각이 들었다. 이 사실을 알리자 남자친구는 심하게 반대했다. 엄마는 미쳤냐고 했다. 하지만 난 가고 싶었다. 그 주 토요일에 내려가서 면접을 보았다. 월요일에 바로 합격 소식을 들었다. 일사천리로 인수인계를 했다.

여기는 제주도다. 나의 제주도 삶은 이렇게 시작됐다. 회사 직원들이 실연당해서 내려왔냐고 했다. 아니라고 해도 믿지 않았다. 밤늦게까지 일하는 경우가 많았다. 일에 적응을 해야 했다. 대기업은 세분화가 잘되어 있다. 내가 할 일만 하면 된다. 한 번은 실장님이 신라호텔 게이트를 디자인하라고 했다. 환경 디자이너가 아니라고 했지만, 실장님은 제주도에서 디자이너는 만능이어야 한다고 말했다. 사실은 제주도라 그런 것이 아니라 작은 기업으로 갈수록 한 사람이 많은 일을 처리해야 한다.

주말에는 제주도 곳곳을 다니며 여행했다. 누가 제주도는 단순한 여행지라고 했는가? 직원들의 도움을 받아 제주도인들만 다니는 여행지를 다녔다. 곳곳에 신기한 곳이 많았다. 이렇게 제주도인으로 살아가고 있었다.

일 년이 지나니 향수병이 찾아왔다. 서울로 올라간다고 하니 서울 애들은 얄밉다고 했다. 실장님 마음을 잘 안다. 떠나보내고 싶지 않지만, 이 아이는 여기서 살지 않을 거라는 것을 잘 알고 있다. 일 년 반 생활을 정리하고 홍대에 있는 작은 전문 디자인 회사에 정착했다.

4년을 기다려준 남자친구와 결혼했다. 알콩달콩 행복한 시간을 보냈다. 그래픽 디자이너로서 과장 직급을 달았다. 아트 디렉터의 꿈을 안고 영원한 삶을 살 것으로 생각했다.

밤새워 작업을 했다. 하나도 힘들지 않았다. 하지만 상황은 나를 도와

주지 않았다. 베이비시터를 믿지 못하는 우리 부부의 선택은 내가 프리랜서로 바꾸는 것이었다. 프리랜서의 삶을 좋아하지 않았다. 프리랜서 생활을 하면서 밤낮이 바뀌었다. 밤새도록 작업을 하고 나서 아이들을 돌보는 일은 쉬운 일이 아니었다. 결국 13년 만에 그래픽 디자이너로서의 나의 인생은 막을 내렸다.

그 이후로 지역에서 부모교육을 하는 모든 기관을 찾아다녔다. 1년 정도 부모로서 배워야 하는 교육을 듣고 나니 무슨 일이든 할 수 있을 것 같았다. 가장 소중한 내 아이를 위해서 지금 내가 할 수 있는 것은 무엇일까? 수많은 고민을 했다. 그것은 '자연의 선물'이었다. 자연을 좋아하는 신랑 덕분에 한 달에 두세 번을 캠핑을 즐길 만큼 우리 가족은 오토캠핑족이다. 캠핑 덕분에 숲 놀이 지도, 숲 체험 생태교육 지도, 숲 해설 등 자연과 관련된 교육을 들었다. 마음에 맞는 선생님들과 〈자연환경네트워크〉라는 생태교육 환경단체를 만들어 활동했다. 그리고 숲 체험 생태교육 강사가 되었다. 아이들과 숲에서 온갖 놀이를 하며 숲을 체험하고, 생태교육을 하는 선생님으로서 시간을 보냈다. 숲 체험 선생님은 처음에 재능 기부로 초등학생 1~3학년 열 명을 모아서 시작했다. 봉사 강의지만 유료 강의만큼이나 수업 계획안을 철저하게 준비했다. 준비물을 일일이 만들고 챙겼다. 현장에 미리 가보고 어디서 체험을 하면 좋을지 현장 파악도 했다. 일 년의 봉사 수업이 끝났다. 수업을 받았던 아이들과 어머니들은 좋아해 주었다. 심지어 아이들이 숲 체험 시간만 기다린다고 했다. 어떤 어머니는 아이가 너무 좋아한다고 학교의 친한 아이들을 손수 모아서 유료 강의를 만들어 주기도 했다. 2학년인 재현(가명)이는 곤충 박사가 꿈이다. 재현이는 직업 인터뷰를 해도 되냐며 쑥스러운 듯 말했다. 학교에서 직업 인터뷰를 한다고 선생님이 가장 좋다며 직접 인터뷰를 했다. 이날의 감동은 지금도 가슴속에 새겨져 있다. 이렇게 나의 강사 생활이 시작됐다.

고등학교 때부터 교육에 꿈이 있었다. 대학도 교육으로 시작했다. 하지만 한때 디자인에 미쳐 모든 것을 바꿨다.

진로 진학 전문 코치로 10년을 활동했다. 진학 컨설팅을 하고 진로 강의를 하는 강사다. 지역에서 시작한 활동은 전국으로 확대되었다. 강사라는 직업은 나에게 '설렘'을 준다. 수많은 학생을 만났다. 아이들은 꿈을 먹고 산다.

꿈은 뭘까? 꿈은 나를 움직이게 하는 힘이다. 바로 성장이다. 꿈을 꾸지 않는 친구들은 성장하지 못한다. 육체적인 성장이 아니라 마음의 성장이다. 10년 동안 나를 거쳐 간 친구들이 많다. 마음이 아픈 친구, 관계에 힘들어하는 친구, 영재학교를 꿈꿀 만큼 똑똑한 친구, 밝고 긍정적인 친구, 삶을 직접 설계하는 자기 주도적인 친구 등이다.

꿈이 있다면 뭐가 좋을까? 도전정신이 생긴다. 보이지 않았던 가능성이 보인다.

어떻게 하면 꿈을 찾을 수 있을까? 일상생활 속에서 나를 찾아본다. 나와 대화를 한다. 남들과 나를 비교하지 않는다. 사랑하는 사람을 찾듯 사랑하는 일을 찾는다.

기업 강의를 하는 내 모습을 오랫동안 꿈꿔왔다. 인디언이 기우제를 지내면 반드시 비가 내리는 이유는 뭘까? 비가 올 때까지 포기하지 않고 기우제를 지내기 때문이다. 어느 날 문득 행운이 찾아왔다. 바로〈국민강사교육협회〉의 김규인 회장님이다. 사실은 처음부터 행운은 아니었다. 그냥 스쳐 가는 사람 중의 한 명인 줄 알았다. 본격적인 인연이 된 후 회장님은 나에게 소중한 존재가 되었다.

나는 〈국민강사교육협회〉의 최고위 명강사다. 이 자격은 그냥 얻어진 것이 아니다. 10년 넘게 강의 생활을 하면서 수많은 사람을 만났다.

이지성 작가가 쓴 『꿈꾸는 다락방』에 유명한 공식이 나온다. R=VD이다. Vivid Dream=Realization. 생생하게 꿈꾸면 이루어진다는 뜻이다.

나는 강사가 되기 위해서 오랫동안 꿈을 꿨다. 그 꿈을 현실로 만들기 위해 필요한 교육을 받고 자격증을 따고 강사로서 내가 준비할 수 있는 부분에 많은 시간을 투자했다. 내 꿈을 더 선명하게 만들어가는 중이다.

07

끊임없는 발전과
배움으로 나아가는 길

(박은주)

강사라는 이름을 가진 지 10년! 나는 어떻게 강사가 되었을까? 강사를 꿈꾸지 않았다. 내가 하고 싶은 일을 하다 보니 어느새 강사가 되어 있었다. 어떤 일을 시작할 때 전체를 계획하고 세심하게 점검하는 편인데, 강사의 길은 계획에 의해 출발하지 않았다.

2011년 41세의 나이로 대학원 사회복지학과에 입학했다. 그전에는 Y교육지원청 〈학생상담자원봉사자 연합회〉에서 활동하고 있었다. 회장님의 추천으로 K여자중학교에서 '배움터 지킴이'로 근무하면서 상담도 병행했다. 그때, 교장 선생님의 권유로 대학원에 진학하게 되었다. 비록 눈에 띄는 상담 성과를 거두지는 못했지만, 학생들에게 위로와 응원을 해 준다는 긍정적인 평가를 받았다. 학생들이 육체적으로나 정신적으로 건강하게 성장하는 것이 나의 바람이다. 그런 열정을 가지고 대학원 진학을 결정했지만, 초등학교와 유치원에 다니는 두 자녀를 돌봐야 했기 때문에 힘든 상황이 많았다. 그러나, 남편은 언제나 이해와 배려로 나를 지지해 주었고, 아이들은 건강하게 성장했다. 덕분에 자녀를 양육하며 늦은 대학원 생활을 병행할 수 있었고, 무사히 학위를 취득했다. 이제 전문 강사가 되어 학생들이 안전하고 건강한 세상을 살아갈 수 있도록 노력하고 있다.

2011년 12월 대구에서 중학생 권 모 군이 학교폭력 피해로 극단적인 선택을 하는 안타까운 사건이 발생했다. 이 사건은 사회적인 이슈가 되었고, 이를 계기로 학교폭력예방 및 대책에 관한 법률이 개정되었다. 대학원 3학기에 대구에 소재한 H초등학교에서 사회복지 실습을 했다. 일주일에 하루, 7개월간 진행되었다. 학생들을 만나면서, 학교폭력이 학생들에게 미치는 부정적인 영향에 관심을 가지게 되었다. 아이들이 학교에서 안전하게 생활할 수 있도록 도움이 되고 싶었다.

2014년 〈아동의 인권 의식이 학교폭력 가해 행동에 미치는 영향〉이라는 주제로 논문을 발표하고 석사과정을 마쳤다. 논문을 준비하는 과정에서, 이론에만 머물고 싶지 않다는 생각이 들었다. 학교 현장에서 발생하고 있는 학교폭력 문제를 다루는 데 실질적인 도움이 되고 싶었다. 관련 교육기관을 알아보았다. 대구에 소재한 〈학교폭력예방센터〉에서 학교폭력을 예방하는 강사와 상담사를 위한 전문과정이 운영되고 있었다. 존경하는 교수진의 강의가 포함되어 있었다. 학교폭력으로 자녀를 잃은 권모 군 어머니의 특강도 진행됐다. 망설임 없이 전문과정을 신청했다.

자격과정에 참여하던 중 대상포진 진단을 받았다. 사회복지사 1급 시험을 불과 한 달 앞둔 시점이었다. 시험을 준비하면서 토요일마다 수업에 참여하는 동안 몸이 힘들었다. 등에 물집이 생겨 두 시간의 이동시간과 수업 여덟 시간 동안 의자에 기대앉을 수 없었다. 몇 시간 온라인 강의를 통해 쉽게 자격증을 취득하는 지인도 있었지만, 선택을 후회하지 않았다. 오히려 만족스러웠다. 4주 과정을 수료한 뒤 학교폭력예방 전문 강사 · 상담사 2급을 취득했다.

2014년 8월 대구로 이사했다. 아이들이 초등학교 생활에 적응하는 것을 돕고, 학교폭력예방 전문 강사 · 상담사 1급 과정에 도전했다. 수업은 3개월 동안 매주 토요일에 진행되었다. 2급 과정보다 구체적이고 깊이 있는 주제를 다루었다. 학교폭력 피해자들이 극단적인 선택을 한 가슴 아픈 현장을 직접 둘러보고, 그 가족을 만났다. 이러한 경험을 통해 학교폭력 피해자들이 겪는 고통을 이해하게 되었다. 점점 학교폭력예방 전문가가 되어가고 있었다.

1급 자격증을 취득하려면 실기시험을 통과해야 했다. 나는 강사가 되는 것이 두려웠다. 수줍음이 많고 목소리가 작고 떨린다. '내 목소리가 그들의 관심을 끌고 내용을 제대로 전달할 수 있을까?' 학생들 앞에 설 수 있을지 의심스러웠다. 마이크를 잡는 일은 더 두려운 일이었다. 두 가지 어려운 일을 동시에 해야 한다니 막막했다. 강의 멘트를 잊어버리면 어쩌나 걱정했다. 불안은 두통과 수면장애로 나타났다. 실기평가 당일 10분간의 시험 강의는 무사히 마칠 수 있었다. 목소리가 전혀 작지 않고, 의사소통 능력과 표현력이 좋으니 조금만 더 배우면 좋은 강사가 되겠다는 피드백을 받았다. 그렇게 학교폭력예방 전문 강사 · 상담사 1급을 취득하고, 강사라는 이름을 가지게 되었다.

선배 강사를 따라다니며 수업을 참관했다. 한 시간 내내 교실 뒤쪽 사물함 앞에 서서 수업을 들었다. 이야기를 어떻게 이끌어가는지 집중했다. 어느 내용에서 어떤 제스처를 사용하는지, 목소리 톤은 어떻게 바뀌는지 차근차근 기억해두었다. 유머 감각이 뛰어난 선배를 보면 참 부러웠다. 상황에 잘 어울리는 멘트를 메모해 두고, 내 것으로 만들어 갔다. 전문가용 카메라를 어깨에 메고 교실을 돌아다니며 선배들의 강의를 사진으로 담을 수 있게 되었다. 다섯 명의 강사들은 서로 다른 스타일을 가지고 있었다. 가장 어울리는 방식과 빛깔로 자신을 표현하고 있었다.

총장님이 강당에서 강의할 때는 준비할 게 많다. 강의 현수막을 잘 보이는 곳에 붙인다. PPT 영상은 잘 재생되는지, 마이크의 음향은 적절한지를 꼼꼼하게 확인한다. 비디오 촬영을 위해 적절한 위치를 설정하고, 삼각대를 잘 설치한다. 강의가 시작되면 총장님의 힘 있는 제스처를 잘 포착하고, 열광하는 학생들의 모습을 카메라에 담느라 분주하다. 갑자기 내 이름이 불리고, 마이크를 받게 되는 날도 있다. 심장은 두근거리고 손이 떨리는 그 짧은 순간이 너무 길게 느껴진다. 강당에 모인 팔백여 명의 학생에게 박수를 받는 순간, 최고의 강사가 된 것 같은 감격에 휩싸인다.

지하 주차장에서 특별 연습을 했다. '저 차량은 청중이다. 차량등은 교육생들의 반짝이는 두 눈이다.' 나름 설정을 하고 보는데, 상향등이 나를 노려보는 느낌이 든다. 며칠 동안 차량등과 눈싸움하며, 청중을 살피고 제스처를 사용하는 연습을 했다. 제법 강사의 모습을 갖추게 되었다.

첫 출강을 잊을 수가 없다. B초등학교 1학년 1반 학교폭력예방 교육이었다. 내 이름이 소개되는 첫 강의, 의미 있는 시간이다. "나, 때리지 마! 너, 지켜줄게! 우리는 모두 소중하잖아!" 첫 마디를 꺼냈다. 강의 장면이 비디오에 촬영되고 있다. 스물두 명의 눈빛보다 더 불안하게 만든 것은, 키 큰 비디오의 빨간 눈이었다. 강의가 어떻게 진행됐는지 정확하게 기억나지 않는다. 퀴즈를 풀면서 마무리했다. 정답을 맞힌 아이들에게 선물을 주고 단체 사진을 찍었다. 센터로 돌아와 녹화된 영상을 보면서 선배로부터 피드백을 받는다. 목소리가 떨리고 눈을 초조하게 깜빡이고 있다. 끝맺는 말은 점점 흐려지고, 떨리는 내 모습만 보인다. 하지만, 단체 사진 속 나는 환하게 웃고 있다. 맨 앞줄 아이들에게 둘러싸여 있는데, 세상을 다 가진 것처럼 행복한 표정을 짓고 있다.

2022년 1월, 〈국민강사교육협회〉라는 오픈 채팅방에 초대받았다. 채팅방과 Zoom 교육이 낯설었지만, 프로그램을 통해 다른 강사의 특강을 들으며 값진 경험을 하게 되었다. 2022년 5월 〈국민강사교육협회〉 대표 강사로 프로필 사진을 찍고, 명함을 만들었다. 중대재해처벌법을 중심으로 한 산업안전 보건교육이라는 새로운 분야에 도전했다. 중소기업에서 일한 실무 경험과 안전보건 공학을 공부하면서 얻은 지식을 바탕으로 강의 자료를 준비했다. 교육 담당자를 만나 명함을 건네며 "안녕하세요, 강사 박은주입니다."라고 소개한다. 그동안의 노력을 담고 나를 대표하는 명함을 건네는 순간, 나는 전문 강사로서 자신감을 느끼게 된다.

항상 배움과 나눔에 대한 열정을 가지고 강사의 길을 걷고 있다. "어제보다 나은 오늘을 만들기 위해, 끊임없이 도전하고 발전하는 자세가 중요하다."라고 존 F. 케네디는 말했다. 전문성을 확장하며 더 나은 강사로 성장하기 위해 끊임없이 노력하고 있다. 배움에는 끝이 없기에, 무한한 가능성을 열어가며 더욱 발전하는 강사가 될 것이다.

08

배움의 자세로
성장하다

(심규나)

내가 하는 말들이 누군가에게 긍정적인 변화를 준다는 것은 매우 보람된 일이다. 나는 20대부터 교회에서 유년·초등·중등부를 가르치고 지도했었다. 나의 가르침이 그들에게 영향을 준다는 사실이 신기하기도 하고 좋았다. 나는 그들과 함께 있는 것을 좋아했다. 그들의 순수함과 해맑은 표정에서 마음의 쉼을 얻기도 하고, 즐겁기도 했다. 그때를 떠올리면 지금도 마음이 따뜻해진다. 내가 강사가 된 것은 그 시절의 영향이 컸다고 본다.

40대에 접어들면서 사회 구성원으로 내가 할 수 있는 일이 무엇일까에 대하여 고민하기 시작했다. 당시 나는 별다른 경제적 활동이 없는 전업주부였고, 교회에서 지도교사로서 활동하는 것이 전부였다. 두 아이가 어느 정도 자라면서 사회, 경제적인 활동에 관심이 가기 시작했고 그때부터 마음이 조급해졌다.

내가 할 수 있는 일을 다양한 매체를 통해 찾아보다가 '미술 심리치료'라는 글귀가 눈에 들어왔다. 평소 나는 주로 말을 하기보다는 주위 사람들의 말을 듣는 것을 선호한다. 지인들은 나에게 종종 소소한 고민 상담을 해왔었고, 적절한 피드백으로 지인들의 긍정적인 반응을 얻었던 기억이 났다. 상담이 나하고 잘 맞는다고 생각했고 관련 교육과정을 찾아보기 시작했다. 그러던 중 〈동아대평생교육원〉을 통해서 미술심리상담사 공부를 시작하게 되었고 전문가 과정까지 마쳤다.

교육을 받으면서 더 나은 상담사가 되기 위해서는 더 전문적이고 많은 능력이 필요하다는 것을 깨닫게 되었다. 상담 기법, 내담자 이해, 상담의 종류 등 관련 이론과 경험의 필요성을 느꼈다. 그러던 중 지인의 소개로 성폭력·가정폭력 상담 과정을 청강하게 되었다. 이 상담 과정을 통하여 성교육 분야로 자원봉사 활동을 하게 되었고, 시간제 상담사로도 활동하기 시작했다.

이러한 경험을 바탕으로 2017년 2월 부산에 있는 ○○청소년성문화센터 성교육 강사로 입사하였다. 아동·청소년, 장애아동, 성인 및 가족을 대상으로 성인지 교육, 양성평등 교육, 4대 폭력 예방 교육, 성 인권 교육, 부모 성교육, 가족 성교육을 하였다.

강의 후 학습자들은 강의에 많은 관심을 표현했고, 그들은 호기심이나 궁금증을 해소하기 위하여 강의가 끝난 후 나를 찾아와 다양한 질문을 했다. 학습자들의 능동적인 반응을 보며 나는 강사로서의 자긍심과 보람을 가졌다. 특히, 아이들은 "이런 성교육 너무 좋아요."라고 반응해주었고 이는 나에게 큰 힘이 되었다.

그러나 항상 좋은 피드백만 있었던 것은 아니다. C 유치원의 교육 의뢰로 이동형 버스 안에서 성교육 프로그램을 진행했던 때였다. '우리는 소중해'라는 주제로 아기의 탄생 과정을 통해 생명의 소중함과 양육자에 대한 감사하는 마음, 자신과 타인의 소중함에 대해서 알기, 몸의 올바른 명칭 사용 등에 대해 교육하고 있었다. 교육이 한창 진행되고 있는 도중 원장님이 할 말이 있다며 강의를 중단시키고 아래와 같이 말씀하셨다. 너무 적나라하게 알려 주는 것 같다고 했다. 요지는 이런 거다. 어린아이들에게 아기가 만들어지는 과정과 태어나는 과정을 자세히 알려 주는 것은 너무 이르다는 것이었다.

B 중학교 2학년 1반에 갔을 때는 강의 후 설문 조사에서 '영상이 작년에 쓰던 거라서 지루했어요.'라는 피드백을 다수 받았다. Y 고등학교 3학년 2반에서는 강의 중 잠자는 아이들이 있어서 분위기를 환기하느라 아주 힘들었던 기억이 난다. 이런 날이면 강의가 끝난 후 강사로서 부족한 점은 없었는지, 학습자들 입장에서의 맞춤식 강의 준비가 미흡하지는

않았는지에 대해 나의 능력을 의심하거나 자책하기도 했다. 그렇다고 자책만 하진 않았다. 부족한 부분을 보완하고 전문성을 높이기 위하여 외부 강의를 더 듣거나, 관련 서적을 참고했다. 동료 강사들에게 피드백을 요청하기도 했다. 서로 정보를 공유하면서 강의의 질과 만족도를 높이고자 노력했다.

어느 날부터 내가 하는 강의와 교육은 특정 대상들만 받아야 하는 교육이 아님을 깨닫게 되었다. 그동안 아이들을 대상으로 교육을 해왔지만, 성교육은 모든 연령대가 받아야 하는 중요한 교육이다. 다양한 환경과 위치에 있는 사람들이 교육을 받았으면 좋겠다는 생각이 들었다.

폭력예방 교육 등은 아이들에게만 가르칠 것이 아니었다. 어른들이 먼저 이 교육을 받아야 한다는 생각이 들었다. 아이들에게 아무리 잘 가르친다고 해도 어른들이 성에 대해 올바른 가치관을 갖지 않는다면 무용지물이다. 그런 이유로 기회가 있을 때마다 성인을 대상으로 한 강의를 진행했다.

다양한 대상에 대한 맞춤식 강의를 위해 〈한국양성평등교육진흥원〉, 〈부산여성가족개발원〉 등 많은 기관에서 실시하는 성교육 강사 모집이나 워크숍에 적극 참여했다.

성인을 대상으로 교육하면서 성교육에 대한 선한 영향을 끼치는 강사가 되고 싶다는 목표가 생겼다. 당시 기관에 소속되어 일하면서 수행했던 강의들은 대부분, 아이들을 대상으로 한 교육으로 편향되어 있었고, 이는 내 목표에 도달하는 데 한계가 있다는 생각이 들었다. 하여, 많은 고민 끝에 회사를 그만두고 프리랜서 강사가 되고자 다짐했다. 프리랜서로 강의 하겠다고 했을 때 염려하는 사람도 있었고, 용기를 주는 사람도 많았다.

프리랜서를 선언하고 나니 회사의 구성원으로 있을 때와는 마음가짐이 많이 달라졌다. 이제는 나 자신이 강사로서의 브랜드가 되었기 때문이다. 책임감도 현실적으로 더 크게 와닿았다. 반면, 조급한 마음도 생겼지만, 강사로서 내가 무엇을 해야 하는지 명확해지면서 더 부지런하게 활동하기 시작했다. 그 결과 지역사회의 여러 교육 기관의 위촉 강사로 활동하고 있고, 〈국민강사교육협회〉 최고위 명강사, 〈사단법인국제웃음치료협회〉 전임교수로도 나의 영향력을 키워나가고 있다. 나는 오늘도 가르치는 위치에서의 나 자신을 성찰하며 열정과 책임감으로 묵묵히 걸어가고 있다.

교육학자 파울로 프레이리가 이런 말을 했다. "아무리 많은 책을 읽고 여러 강연을 듣는다 해도 스스로에 대한 성찰과 비판이 없다면 진정한 배움은 일어나지 않는다."
강사로서의 초심을 잃지 않기 위하여 종종 이 말을 되새기곤 한다. 현재의 강의에 만족하는 것을 넘어서 더 나은 강의를 위하여 스스로 성찰하고 성장하는 데 자극이 되었다. 언제나 이런 마음을 잃지 않고 많은 이들에게 선한 영향력으로 변화와 감동을 줄 수 있는 강사가 될 것이라고 다짐해 본다.

09

잠재력을
깨우는 힘

(이현주)

누구나 한 번쯤 결혼이라는 테두리를 아쉬워하기도 하고 후회하기도 한다. 청춘이라는 시절은 꿈과 낭만이 넘치는 그러한 시기이다. 무엇을 해도 다 이루어 낼 수 있다는 용기와 희망이 가득 차 있다.

결혼이라는 선물은 또 다른 선물을 안겨준다. 이 세상에 나를 닮은 또 다른 생명은 눈물 없이는 볼 수 없을 정도의 감동을 준다.

예쁜 아기의 모습만 봐도 세상을 다 얻은 것 같은데, 마음 한구석이 허전한 이유는 뭘까? 꼬물 꼬물거리는 아기의 손과 발, 까만 눈동자는 20

년이 지난 지금도 잊을 수 없는 순간들이다. 아기를 낳기 3일 전까지 일하고, 아기를 낳은 후에는 3개월만 몸조리를 했다.

엄마, 아빠의 따뜻한 보살핌으로 아기도 무럭무럭 자랐고, 나도 출산 2주 후 찾아온 산후풍에서 어느 정도는 몸을 회복한 상태였다.

'지금부터 내 인생은 시작'이라는 마음을 갖고 끝이 보이지 않을 만큼의 낙서를 하기 시작했다. 지워도 보고 막연함을 희망으로 바꿔보기도 하고 말이다. 이 세상에서 그 누구보다도 든든한 남편도 예쁜 아기를 보며 조심스러워하는 건 나와 마찬가지이다. 가장으로서의 책임감이라고 할까? 우리는 동갑내기여서 무엇이든 같이하는 편이다. 어떨 때는 힘겹고 밉기도 하지만, 같이 사는 구성원으로 이제는 공동체라는 생각이 든다.

출산 3개월 후 나는 현장에서 아이들을 다시 가르치기 시작했고 삶의 활력소를 되찾아가며 나라는 존재를 먼저 아는 게 중요하다고 느꼈다. 인생을 살면서 세 번의 기회가 온다는 이야기를 들었다. 그 첫 번째의 기회라고 생각하는 순간이 있었다. 몇 년간 학원과 홈스쿨링 교사를 하면서 사업할 마음은 항상 갖고 있었다. 우연히 찾아온 기회는 교육사업을 인수하는 일이었다. 가족들은 모두 반대했지만, 나의 강한 뚝심으로 밀고 나갔다. 물론 경제적인 여건에서 많이 부딪히면서 시작했다. 그럴 때마다 드는 생각은 늘 하나이다. 꼬물거리는 예쁜 아기의 모습이다. 무엇이든 다 할 수 있다는 용기와 희망이라는 에너지가 생긴다.

서른이라는 나이에 교육사업을 시작하고, 예쁜 아기도 선물 받고, 이 정도면 충분하다고 생각했다. 하지만 사업은 그렇지 않았다. 교육부와 사업부 선생님들을 관리하는 일은 쉽지만은 않은 일이다. 물론 4남매 장녀로서의 리더십은 있었지만, 일은 그런 리더십과는 또 다른 능력이 필요했다. 주변분들도 모두 안타까운 시선으로 나를 바라보았다. "망한 회사를 인수해서 뭐 하려고? 일 년도 못 버틴다."라는 말을 들었다. 하지만 좌절보다는 흥미가 생기기 시작했다.

교육하고 영업하는 역할도 나의 역할이었다. 그렇지 않으면 사무실 임대료와 이자를 감당하기 어렵다. 학생들을 교육하는 일과 선생님들을 교육하는 일은 조금 다르다. 사람들과 관계 형성을 하는 일이다. 소통하고 그들의 욕구를 공감해 주고 알아차려야 하는 고난도의 심리전도 있다는 말이다.

지역사회에서 사업을 진행하기 위해서는 원장님들을 만나면서 그들의 요구를 들어준다. 학기 초가 되면 신입생 오리엔테이션을 진행한다. 300명을 수용하는 강당에서 나는 교구를 영업하기 위해 유치원, 어린이집, 오리엔테이션 진행과 설명회와 교육을 직접 하기 시작했다. 그 순간을 지금도 기억한다. 걱정은 되지만 그 순간의 짜릿함을 잊을 수가 없다. 그게 강사로서의 시작이 아닐까 싶다. 누군가를 가르치고 메시지를 전달하고 이익을 창출하기 위해서는, 조금 더 체계적이고 깊이 있게 알아가는 시간이 필요했다.

어려운 길을 간다고 부모님은 늘 걱정했지만, 결국 교육학 박사학위를 얻게 되었다. 박사모를 쓰고 스튜디오에서 사진을 촬영하는 그 순간, 힘들었던 모든 기억이 녹아내리고 선물 같은 현재와 기대하고 있는 미래만이 보이기 시작했다. 늘 긍정적인 순간을 포착하는 나의 강점을 발견할 수 있었다. 그런 긍정적인 마인드가 없었다면 다음으로의 진행은 어려웠을 것이다. 학위를 받고 끝이 나야 할 공부는 수련이라는 길로 이어진다. 상담 심리는 이론보다 경험을 토대로 사람들의 마음을 헤아리고 이해하는 일이기에, 부족한 나로서는 수행의 길인 셈이다. 그렇게 수퍼바이저들에게 수련받으러 다니면서 예쁜 아기는 하루가 다르게 성장해 가고 있었다. 아기도 학생으로 성장하고, 엄마도 꿈과 비전을 향해 성장하고 가족 모두에게 기쁜 일이었다.

교육사업에서의 필수과목은 교육과 상담이다. 처음 어렵게 시작했고 하는 과정에서도 고난과 역경은 있었지만, 인생에서 성장하는 과정이라고 생각하면 지금도 고마운 기억이 가득하다.

교육과 영업의 박자가 잘 맞추어지면서 도서관에서도 강의 요청이 들어오기 시작한다. 그렇게 시작한 강의가 작년까지 15년이나 한곳에서 진행했다. 사람 관계에서 믿음과 신뢰가 없었다면 오래 진행을 할 수 있었을까 하는 생각이 든다. 학부모들도 부모교육으로 소통하기를 원해서, 자녀와의 관계 형성부터 진로에 이르기까지 상담을 진행하게 되었다. 부모라는 공통분모가 존재하기에 가능한 일이었다. 그동안 궁금증이 있었던 부모님들도 문을 두드리면서 교육해 달라는 신호를 보낸다. 부모들도 집에서 자녀들과 직접 소통할 수 있는 교육 방식을 나만의 방법으로 전달하면서 교육사업은 진행이 수월하게 이루어졌다. 사무실도 큰 공간으로 옮겼다.

이러한 기억을 시작으로 상담 분야에서는 지역 학회장을 맡게 되면서 좋은 분들과의 인연이 시작되게 되었다. 강사로서 무대가 유·아동부터 성인기에 이르기까지 다양해졌다. 한 사람이 성장하는 과정이 나의 강사 무대가 되었다.

다양한 경험이 바탕이 되었기에 가능한 일이다. 좋은 인연들 덕분에 국방부에서 실시하는 군 인성 강의를 하게 되었다. 무대의 공간도 커다란 공간이지만 20대 청년들과의 소통은 활동성이 큰 강의 전달이었다. 강의 대상자들과 소통하기 위해서는 순발력과 재치, 흥미, 감동 전달력이 필요하다. 군 인성 강의를 몇 년간 진행하면서 지금껏 보지 못했던 잠자는 나를 깨우는 무언가의 힘을 발견하기 시작한다. 강사로서의 가장 중요한 힘은 진실성이다. 사람들에게 진실한 나의 모습을 보여주게 되면 서로 통하는 힘이 생긴다. 강사는 마법사가 아닐까 하는 생각이 가끔 든다. 무대 위에서 변화하는 나의 모습을 발견한다.

또 다른 기대로 현재 선물 같은 만남을 이어 오는 공간이 〈국민강사교육협회〉이다. 우리는 살면서 귀인을 만나는 행운 같은 기회가 주어진다.

강사는 끊임없이 배우고 성장하는 존재다. 강사로서 지금의 나는 누군가에게 선한 영향력을 발휘하는 무궁무진한 에너지를 갖춘 격려자가 되어 간다.

성공하고 싶은 마음보다는 성장하고 싶은 마음이 더 간절하다. 스마트한 소통으로 행복을 나누고, 긍정적인 가치관이 사회적 관심으로 향하고 있는 멋진 강사로 거듭나고 싶다.

10

제2의
명함

(정영혜)

2022년 1월 6일 친한 원장님으로부터 전화가 왔다.

"원장님, 제가 〈국민강사교육협회〉에서 제 두 번째 개인 저서, 저자 특강을 합니다. 내일 꼭! 줌 미팅에 들어오셔서 힘 좀 실어주세요."

"네, 알겠습니다. 힘 실어 드리러 갈게요."

〈국민강사교육협회〉라는 곳을 처음 알게 되었다. 저자 특강 전에, 인사를 하는 협회장님이 어디서 본 적이 있다고 생각했는데, 몇 달 전 〈자이언트북컨설팅〉 저자 특강에서 봤던 분이었다. 『고맙습니다, 내 인생』의 작가 김규인이 바로 협회장이었다. 작가는 저자 특강 내내 눈물이 나서 말을 잇지 못했고, 내가 들은 특강 중에 가장 많이 울었던 작가로 기억한다. 작가의 삶에 공감하며 나 역시 티슈를 찾아야 했고 가슴이 아려왔던 기억이 났다. 지인 원장님의 저자 특강 덕분에 강사를 양성하는 〈국민강사교육협회〉가 있다는 것을 알게 되었다.

대학을 졸업하자마자 졸업한 대학교 병설 유치원 교사로 입사를 했다. 아이들과 함께 지낸 지 올해로 30년이 넘었다. 아이들을 무척 좋아했기에 유아교육과를 졸업하고 유치원 교사로 근무하는 하루하루가 행복 그 자체였다. 주위 어른들이 아이를 너무 좋아하면, 시집가서 아이 못 낳는다고 말할 정도였다. 결혼해서 첫아이를 낳을 때까지 어른들이 한 그 말이 마음 한구석에 불편하게 자리 잡고 있었다. 하지만 주위 어른들의 말은 나에게 적용되지 않았고, 딸, 아들 두 아이의 엄마가 되었다. 지금 어린이집에는 나의 딸, 아들보다 나이가 더 적은 학부모가 점점 많아지고 있다. 그래서인지 요즘 부쩍, 부모들이 원장선생님 나이 많다고 생각하지는 않을까? 혼자 질문하는 날들이 많아졌다.

어린이집에서는 부모들이 듣고 싶어 하는 부모교육 주제를 미리 수요조사 하고, 전문 강사를 불러 부모교육을 준비한다. 교육에 참여하는 부모는 점점 줄어들고 있다. 모두 바쁘다고 말한다. 두 달 후가 교육인데, 그날 선약이 있다고 말한다. 워킹맘들은 연차를 내고 교육에 참여하기도 하는데 전업주부는 바쁘다고 하는 경우가 많다. 여러 방법으로 부모교육을 하고, 부모 참여 행사도 해보지만, 아이들의 육아와 교육에 많은 영향을 미치기에는 역부족이다. 쉽게 접하는 SNS를 통해 육아법을 질문하거나 이웃 맘카페 엄마들의 조언으로 모든 엄마는 육아 전문가가 되어 있다. 아이마다 성장 발달 정도, 여러 가지 환경도 다르다는 것을 잊어버린 것 같다. 유아교육을 전공하고 오랜 교육 경험을 가진 원장이나 선생님보다 SNS에 물어보는 것을 더 선호한다. 현세대 부모들의 특징이다. 교육 현장 근무 경력이 많아질수록 학부모와 교육자의 거리가 멀어져감을 느끼는 것은 무엇 때문일까?

아이들은 모두 천사다. 웃는 모습도 우는 모습도 행동 하나하나 사랑스럽다. 우리가 흔히 '말귀를 알아듣는다'고 말하는 수용언어 시기를 지나면 표현언어가 가능해진다. 단어에서 문장으로 형용사도 사용하는 아이들의 이야기를 듣고 있으면 언제 이만큼 컸나 싶어서 대견스럽다. 친구의 가방을 찾아줄 줄 알고, 놀잇감을 나누고, 간식을 나누어 먹을 줄 안다. 이런 작은 변화를 보면, 유치원 교사 때처럼 아이들이 예쁘다. 어떤 꽃보다 고운 향기가 나는 아이들이 사랑스럽다.

어린이집 원장이 아닌 제2의 명함에 강사라는 이름을 새겨 놓은 지 오래되었다. 부모교육이 아닌 다양한 분야의 강사가 되고 싶었다. 교육이 필요한 사람들에게 정성을 다해 울림이 있는 강의를 하고 싶었다. 강사가 되어야겠다는 마음을 먹고 차근차근 준비하고 있던 시기에 〈국민강사교육협회〉를 만난 건 기적이고 운명이었다. 지인의 저자 특강이 지난 후, 2월부터 〈국민강사교육협회〉에서 열리는 모든 자격과정에 하나도 빠뜨리지 않고 참여했다. 수료증, 자격증, 하나하나 강사가 되기 위해 준비했다. 이런 협회가 있다는 걸 몰랐었다. 감사하게도 〈국민강사교육협회〉가 2022년 1월 1일에 창립되었기에 모든 교육의 참여 기수가 1기였다. 누군가 새 일을 시작할 때, 서로에게 힘이 되는 건 1기라고 생각한다. 협회에도 힘이 되고, 2기 3기 후배 강사가 들어오면 자랑스러운 1기 선배가 되는 것도 신나는 일이다. 시작이 있으면 지속함도 있고 협회는 더욱 번창할 거니까.

코로나 위기 이전에는 듣고 싶은 교육이 있을 때, 새벽 일찍 출발하여 KTX를 타거나, 직접 운전을 해서 서울로 부산으로 각 지역으로 갔었다. 모든 교육은 대면 교육이었다. 교육장까지 이동시간, 교통비, 평일에 교육이 있을 때는 연차를 써야 했다. 코로나 덕분에 강사 준비를 더 잘할 수 있었다. 퇴근 후 집에서 ZOOM으로 모든 교육을 들을 수 있어서 감사했다. 코로나 검사 결과 양성이어서 열이 나고 아플 때도 집에서 교육을 들을 수 있었다. 약속된 시간에 노트북을 켜고 줌 주소를 찾아 들어가면 강사님이 교육생을 기다리고 있다. 줌으로 자주 만나는 강사들은 가족처럼 친근하고 결속력도 높아졌다.

2022년 1월부터 지금까지 강사로서 필요한 자격을 준비하고 공부했다. 〈국민강사교육협회〉는 강사를 키우는 기관이어서 자격을 취득하고 나면 반드시 10분 강의 시험을 쳤다. 줄여서 '강의 시연'이라고도 한다. 강사로서 얼만큼 자질을 갖추었는지를 보는 것이다. 목소리 톤, 어휘 전달력, 강의 구성력, 이미지 메이킹 등등 외부 강의를 가도 될 실력을 갖추었는지를 보았다. 화면공유도 제대로 할 줄 몰랐고, PPT도 처음 만들어보았기에 서툰 점이 많았다. 얼마나 긴장되었던지 목소리가 떨리고 손도 벌벌 떨려서 마우스를 움직일 수도 없었다.

가장 먼저 취득한 자격은 2022년 2월 19일 〈한국자살예방센터〉에서 주관한 '생명존중전문 강사'였다. 함께 자격을 취득한 강사 중에 충주교육청에 근무하는 팀장이 있었다. 강의 시험이 끝나고 며칠 후 연락이 왔다. 4월 26일 충주교육청 위(Wee) 센터에서 학부모 대상 '생명존중 및 학생자살예방' 부모교육 강의를 의뢰했다. 거리도 멀고 코로나가 심할 때여서 줌으로 온라인연수를 진행하였다. 비대면 강의인데도 부모님들이 적극적으로 참여했다. 교육을 마치자마자 교육을 의뢰했던 팀장에게서 전화가 왔다.

"제가 강사를 보는 눈이 탁월했습니다. 오늘 강의 감동입니다. 감사합니다." 그녀의 솔 톤의 밝은 목소리에 강의를 준비하느라 힘들었던 시간도, 줌 교육을 잘할 수 있을지 걱정했던 마음도 기쁜 미소로 변했다.

온라인교육을 해냈다는 기쁨이 말로는 표현되지 않고 미소와 흥분으로 차올랐다. 그렇게 〈국민강사교육협회〉 강사로 첫발을 내디뎠다. 협회장이 고집하는 10분 강의 시험이 없었더라면 아직도 용기조차 내지 못하고, 예비 강사였을 것이다. 충주교육청 부모교육을 할 기회도 오지 않았을 것이다. 첫 강의를 시작으로, 두 번째 강의는 6월 23일 포항 '장애인학대 신고의무자교육'으로 장애인활동보조인 대상으로 오전, 오후 120명씩 하루 두 번 교육했다. 혼자 무대에 설 수 있는 강사가 되었다.

변화를 좋아한다. 한 번 선택한 길은 장점만 바라보고 나아간다. 누구와 비교하거나 의심하지 않는다. 반드시 이루어진다는 신념으로 앞만 보고 전진한다. 〈국민강사교육협회〉 1기 강사로 출발했다. 어린이집 원장이 아닌 후배들의 모범이 되는 강사로 변화하는 중이다. 매 순간 최선을 다하기로 했다. 블로그도 열심히 쓰고, 교육도 꾸준히 들으면서 훌륭한 강사가 되기 위해 노력하고 있다.

버락 오바마가 "변화는 기다린다고 찾아오지 않는다."라고 말했다.

나 역시 더 나은 변화를 위해 끊임없이 노력 중이다. 모두가 기다리는 강사가 되는 것이 꿈이다. 오늘도 책을 읽고, 글을 쓰고, 강의안을 만들고 노력하고 있다. 기쁘게 웃으며 지난 시간을 이야기할 수 있는 그날을 위해서.

2장

집중과 경청을
끌어내는 강의 노하우

The heyday of the instructor

01

청중을 아우르는
강의 노하우

(권은예)

강의의 첫 문을 여는 오프닝을 중요하게 생각한다. 오프닝은 교육생들의 관심과 집중도를 높이는 데 중요하다. 강의를 시작할 때 학습자들의 호기심과 관심을 끌 수 있도록 하는 게 좋다. 간단한 인사와 함께 학습자들에게 강의의 목적과 내용, 이점 등을 설명하는 것이다. 이를 통해 강의의 전반적인 내용을 파악하고, 강의에 대한 기대감을 가지게 할 수 있다.

'프로와 아마추어의 차이는 자신감, 시선 처리, 여유 있는 표정 그리고 오프닝의 차이점'이라고 한다. 아마추어는 오프닝의 중요성을 인식하지도 못하고, 긴장해서 다급하게 본론으로 들어간다. 그러나 프로는 오프닝의 중요성을 인식하고, 교육생을 사로잡는 첫마디를 준비하는 사람이다. 강의 시작할 때 오프닝에 공을 들여야 한다. 오프닝에서 강사에 대한 기대치와 이미지가 형성된다. '오늘 강의 기대되는데. 궁금한데 빨리 들어보고 싶어.' 교육생을 사로잡을 수 있는 오프닝이야말로 강의에 끌어들이는 데 효과가 있다. 오프닝의 종류에는 넌센스 퀴즈, 공감 문구 인용, 호기심 유발 등이 있다. 오프닝의 중요성을 인식하고, 나만의 색깔인 오프닝을 준비한다.

강의 의뢰가 들어온다. 강의 주제를 확인한다. 대상자를 확인한다. 접근 방법을 생각한다. 어떤 이야기로 풀어 나갈 것인지 미리 스토리를 써본다. 대상자에 맞는 이야기로 진솔하게 다가간다. 때론 엄마처럼, 언니같이, 동생처럼 편안하게 교육에 참여할 수 있도록 유도해 나간다. 이것이 교육생들과 공감대를 형성하고 집중시키는 나만의 강의 노하우이다. 강의 중 교육생의 관심과 흥미를 지속시키는 것은 쉽지 않다. 교육생이 멍하니 앉아 있지 않도록 하는 것이 중요하다. 오프닝을 효과적으로 만들어 교육생을 사로잡는다.

A 장애인 공동생활시설에 갔다. 기차 시간이 빨라 일찍 도착했다. 상호가 보이지 않아 택시에서 내려 건물 찾는 데 시간이 걸렸다. 가정집과 유사했다. 벨을 누르자 담당자분이 나오셨다. 나는 교육 왔다고 했다. 슬

리퍼를 갈아 신고 안으로 들어갔다. 강의 시간은 오후 2시부터 4시까지였다. 종사자분들과 반갑게 인사를 했다. 종사자 남자분이 "강사님! 뭐 마시겠어요?" 하고 물었다. "커피요. 감사합니다."라고 대답했다. 담당자분이 텀블러에 시원한 물을 담아 건네줬다. 기관 마크가 새겨진 멋진 텀블러였다. 강의하며 시원하게 마시고 가지고 가라고 하셨다. 감사한 마음으로 받았다. 강의 시간이 많이 남았다. 의논 끝에 30분가량 일찍 시작하기로 했다. 오늘 교육은 장애인 인권교육이다. 20대 이용자 네 명과 종사자 네 분이다. 담당자분이 미리 알려준 정보가 있었다. 거기에 맞는 강의를 준비하느라 한 달이 넘게 걸렸다. 지적 수준이 3~5세 수준이다. 한글을 읽을 줄 아는 학습자가 한 명 있다고 했다. 모든 PPT에 쉬운 한글과 그림들을 삽입했다. 강의를 준비하면서 가장 많은 신경을 쓴 대상자였다. '아이들을 키우는 엄마여서일까!' 남의 일 같지 않았다. 마음이 많이 갔다. 강의 시작하기 10분 전! 담당자분이 "화장실 다녀올 사람, 물 마실 사람 빨리 다녀와."라며 말했다. 강의 전 이용자들과 가볍게 인사도 했다. 다섯 글자 예쁜 말 노래를 반복적으로 틀어 놨다. "한글 아는 친구?"라고 묻자 제일 어린 스물다섯 살 친구가 "저요. 저 알아요. 제가 도와 드릴게요."라고 웃으며 말했다. 24시간 이곳에서 생활한다고 했다. 다양한 활동을 했다. 수업 전에 담당자분이 아이들의 집중력이 길지 않다고 했다. 쉬는 시간이 있어야 된다고 했다. 지루하면 물 먹고 싶다, 화장실 가고 싶다고 수시로 말한다고 했다. 그런데 5분 휴식시간 외에는 단 한 번도 쉬지 않았다. 수업이 다 끝나고 물었다. "수업 어땠어요?"라고 물었다. "고맙습니다, 좋았어요, 재미있어요, 감사합니다." 모두 활짝 웃으며 말해주었다. 의사 표현이 잘 안 되는 친구들이다. 그 어떤 말보다 좋았다. 종사자분이 "이렇게 집중 잘하고, 활동하는 모습 처음이에요."라고 말했다. 아이들이 너무 좋아해서 두고두고 활동하고 싶다며 자료를 부탁하셨다. 원칙은 아니지만 흔쾌히 드리고 왔다. 텀블러 선물도 네 개나 더 주셨다. 가방이 컸다면 더 담아 주셨을 것 같다. 내 마음을 주고 온 곳이다.

P 유치원은 공립유치원이다. 5~7세 각 다섯 개 반으로 이루어져 있다. 주차하고 횡단보도를 건널 때부터 몇 차례 인사를 하면서 지나간다. 입구에 들어서면 선생님들이 반겨주신다. 방명록에 기록은 필수이다. 엘리베이터를 타고 2층으로 올라갔다. 내가 맡은 반은 6세로 나눔 2반, 4반, 5반이다. 각 반 선생님들 모두 친절하다. 아이들도 다른 유치원 아이들보다 수업에 적극적이다. 2회기 수업은 장애인 복지를 다룬다. 장애를 가진 기린, 지피 이야기를 들려준다. 비록 장애를 가졌지만 모두 소중한 친구라는 사실을 알게 해준다. 동화를 들려줄 때 아이들의 집중도를 높이기 위해 먼저 동화 노래를 부른다. 다 함께 율동도 한다. "재미있는 동화가 왔어요."를 반복해서 부르다가 "쉿, 들어보세요."라고 하며 아이들과 호흡을 맞춘다. 아무 소리도 나지 않는다. 조용해진다. 교구판을 올리고 자리를 잡는다. 아이들은 집중해서 책상을 바라본다. 떠드는 친구들

은 없다. "쉿!" 계속 입술에 손가락을 댄 채로 구연동화 할 준비를 마친다. 아이들 숨소리만 들리는 상태에서 지피 이야기가 시작된다. 이렇듯 목소리 크기로도 집중도를 올릴 수 있다. 일반적인 성량과 크기로 강의를 하다가 갑자기 속삭이듯이 아주 작게 강의를 한다. 작은 소리에 오히려 집중해서 들으려 한다.

H 대전 사옥에서 CS 친절교육을 진행하였다. 법정의무교육 중 '직장 내 성희롱 예방교육'과 '직장 내 장애인 인식 개선 교육'을 했다. 강의 시간보다 40분 일찍 도착했다. 담당자분께 전화해서 몇 층으로 가면 되는지 물어봤다. 강의장에 올라갔다. 오래된 건물이라서 그런지 환경이 열악했다. 노트북을 연결했는데 소리가 나오지 않았다. 빔 프로젝터를 켰지만 화면이 뜨지 않았다. 담당자도 이유를 잘 모른다고 하며 도와줄 수 있는 사람에게 전화를 했다. 관계자분이 최종 체크를 했다. 마이크는 없다고 했다. 혹시 몰라 미리 준비해 간 마이크를 착용하고 일찍 강의장에 들어오는 분들과 인사를 나눴다. 대부분 강의장에 미리 가서 있기 때문에 사람들이 들어올 때마다 반갑게 인사를 한다. 미소를 지으며 "안녕하세요? 반갑습니다."라고 하면 대부분 인사를 받아준다. 본 강의가 시작되기 전까지 계속 반복한다. 친밀감을 형성하기가 가장 좋은 시간이다. 그렇게 강의 전에 교육생들과 미리 오는 교육생들과 낯을 익혀 놓는다. 상대방들도 마찬가지다. 안면이 생겼다는 생각을 한다. 짧은 인사지

만 눈빛을 주고받았기에 서로에게 편안한 분위기에서 강의가 진행된다. 강의 전 가벼운 인사말로 편안한 분위기를 만든다.

오프닝은 교육자들에게 강의 내용을 이해하고, 습득하는 매우 중요한 역할을 한다. 교육생들이 이해하기 쉽고, 관심을 가질 수 있는 방법으로 강의를 시작한다. 강의를 끝마칠 때 오늘 강의에서 배운 내용을 잘 정리하고, 실생활에서 활용해 보도록 유도한다.

데이비드 스페이드는 "좋은 강의란 좋은 대화와 같다."라고 한다. 강사와 교육생이 호흡을 맞추고 소통해 나가는 것! 이런 것들이 내가 고수하는 강의 노하우이다.

02

대상자 연구를
철저히 하라!

(김규인)

20만 원짜리 커피를 마셨다. 아이스 아메리카노. 내 인생에 가장 맛있었던 커피였다. 지난 4월 20일. 서울 강서지역자활센터 건물 1층 커피숍. 때 이른 더위로 강의 도중 갈증을 해소해 줄 커피. 자활센터에서 직접 운영하는 사업단이다. 한 달에 한 번 정도 꾸준히 방문하는 곳인데 커피숍은 처음 가봤다. 건물 1층 전체 사용하는 커피숍에는 각 사업단에서 만든 여러 가지 물품들도 진열해서 팔았다. 주문해 놓고 기다리는 동안 이 물건, 저 물건 구경하면서 살까 말까 고민했다. 그때 우연히 눈에 들어온 장면들. 테이블 다섯 개 정도 되는데 빈자리가 없었다. 모두 행복해 보였다. 혼자 노트북으로 뭔가 하는 사람, 책 읽는 사람, 여럿이 앉아서 도란 도란 이야기하는 모습. 맞다. 커피숍은 그런 곳이었다. 소통 공간이며 비즈니스 공간이기도 하다. "주문하신 아이스 아메리카노 나왔습니다." 연한 노란색 유니폼에 갈색 가운도 입고, 머리도 말끔하게 묶어 갈색 모자를 쓴 사람. 직원인 듯했다. 생글생글 웃으며 빨대와 컵 뚜껑까지 챙겨 흐르지 않도록 주의까지 주면서 건네받은 커피. 주문할 때부터 줄곧 느꼈던 친절. 다른 커피숍과는 확연히 달랐다. 행복해 보이는 표정도 달랐다. 사장이나 알바생이 건네줄 때 느꼈던 영혼 없는 인사. 눈도 마주치지 않고 허공에 대고 "안녕히 가세요." 하는 것과는 비교가 되었다. 진심이 느껴졌다. 2,000원짜리 커피 한잔. 그날 내가 받은 친절 서비스에서 마치 20만 원짜리 커피를 마시는 것 같은 행복감을 느꼈다.

4월부터 11월까지 군포지역자활센터에 강의가 잡혔다. 주 1회 사업단별 소양 교육으로 내가 직접 프로그램을 짰다. 첫 시간. 카페사업단이었다. 행복한 직장생활을 위한 스킬 '행복 디자인'이라는 주제로 강의했다. 여성 참여자가 많았다. 나랑 나이도 비슷해 보였다. 왠지 잘 통할 것 같은 예감. 자신감 충만했다. 강의 날짜와 주제가 잡히면 내가 해야 하는 일은 대상자 연구다. 몇 년째 자활센터 인기 강사로 나름 알려져서 여기저기서 많이 불러준다. 대부분 삶이 어렵고 힘들었던 분들이다. 가정불화나 가족 문제, 경제적 문제, 사업 실패, 건강 문제, 도박이나 약물 중독인 사람들. 그들의 삶을 간접적으로나마 체험하기 위해 오랜 시간 그들의 마음속으로 들어가려고 연구한다. 어떤 어려움이 있을까? 이 교육을 통해 얻고 싶은 것이 무엇일까? 어쩔 수 없이 들어야 하는 교육이 되어서는 안 된다. 강의 중간중간 자존감 향상을 위해 동기 부여가 될 수 있는 메시지를 아끼지 않는다. 오프닝 스팟이 끝나고 다짜고짜 행복하냐는 질문을 던졌다. 거의 대답 안 한다. 그날도 마찬가지였다. 어떤 사연으로 어려움을 겪었는지는 모르지만, 자활센터라는 곳에 문을 두드리려 집 현관을 나오는 순간부터 이미 반은 성공하셨다고, 잘하셨다고, 감사하다고 전했다. 어떻게든 다시 살아보려고, 다시 일어나보려고 용기를 낸 사람들이다. 마땅히 칭찬받을 일이다. 눈빛이 점점 나를 향하고 고개를 들기 시작한다. 더 집중하기 시작한다. 20만 원짜리 커피. 그 이야기를 풀어놓았다.

"카페사업단 선생님들은 사람들에게 행복을 주는 분입니다. 따뜻한 차, 시원한 차. 각각 주문한 차에 사랑과 정성 한 스푼 더 탄다면 더 많은 행복을 주겠지요. 카페 고객은 선생님들의 손길에서 행복감을 느끼는 사람들이잖아요. 누군가에게 행복을 선물하는 일. 얼마나 의미 있는 일인지 아셔야 합니다. 선생님들은 자신과 개인은 물론, 지역사회와 국가 발전을 위해 일하는 분입니다. 2,000원짜리 커피가 20만 원, 200만 원의 행복과 가치를 선물할 수 있다는 사실 잊지 마세요."

표정에서, 교육받는 자세에서 처음보다는 훨씬 달라지는 태도를 볼 수 있었다. 교육이 끝나고 내 손을 잡으면서 큰 도움이 되었다며 감사하다고 인사하는 분이 많았다. 이분들에게 필요한 것은 자존감 향상이다. 교육 대상자 연구에서 오는 나의 노하우다.

2,000회가 넘는 강의. 1회 평균 100명이라면, 지금껏 내가 만난 교육 대상자는 약 20만 명이다. 그중에서 힐링 프로그램을 제외한 의무교육은 교육 대상자들 표정이 그리 밝지 않다. 아침에 눈 떠서 일하러 갈 수 있는 일터가 있어서 감사하고, 매달 월급 나오는데 뭐가 불만이고 걱정인지 처음에는 이해가 안 갔다. 끝내주는 인테리어와 편의시설, 직원 휴식 공간은 예쁜 카페보다 더 좋은 곳도 있다. 발 디딜 틈도 없이 복잡하고 시설이 형편없는 열악한 환경도 있었다. 요즘은 남녀 구분 없이 경제활동을 하고, 여자가 가장인 집도 꽤 있다. 그들의 표정에서 삶의 무게가 느껴졌다. 꿈과 비전을 안고 일하는 사람이 있는가 하면, 생계형의 사람들도 많다. 가족을 부양해야 하고, 아이들 교육도 해야 하는 현실. 그들은 과연 내게 어떤 말이 듣고 싶을까? 그저 빨리 끝내주기만을 기다리는 사람들. 그들의 언 마음을 열기란 쉽지 않았다. 철저한 연구가 필요했다. 어떻게 하면 웃게 할 수 있을까? 어떻게 하면 집중할까? 그렇다고 강의 주제와 전혀 상관없이 해서도 안 된다. 즐거움과 흥미를 유발하면서도 교육 주제에 맞는 메시지가 중요했다. 설정은 아니지만 때론 웃게도 하고, 눈물 나게 하고, 교육 주제에 따라 진지해야만 할 때도 있었다. 개인

인 자신과 가족과 기업이나 단체를 위해 일하는 사람들. 크게는 국가와 지구를 위해 일하는 사람들이다. 나의 메시지 하나, 스팟 하나가 그들에게 감동과 울림을 주기 때문에 그들이 진정으로 듣고 싶어 하는 말. 위로와 격려, 공감이었다. 그들의 삶을 간접 체험하기 위한 노력. 철저한 연구였다.

청담동. 우리나라에서 부자들이 사는 곳. TV에서나 볼 수 있었던 으리으리한 집. 연결 연결되어 따님으로부터 의뢰를 받아서 간 곳. 79세 여자 어르신 1 대 1 웃음 치료. 주 2회. 회당 10만 원. 얻은 정보라고는 이게 다였다. 가사도우미인지, 집사인지는 모르지만, 그분의 안내에 따라 철저한 보안을 통과해서 들어선 집은 입이 떡 벌어졌다. 촌티 팍팍 나게 두리번거렸다. 어르신이 큰 거실로 나오셨다. 대상자인가 보다 짐작했다. 곱고 품위 있었다. 교양 있어 보였다. 부잣집 사람이라 달라 보였다. 안내받은 서재로 들어가 어르신과 마주 앉았다. 고급스러운 찻잔에 이름 모를 향기 좋은 차를 들고 오신 분도 교양 있어 보였다. 모든 게 조심스러웠다. "왔으니 차 한잔하고 그냥 가세요." 따님이 엄마의 우울증을 해결하기 위해 특별히 준비한 웃음 치료. 그것도 1 대 1. 책임을 다해야 했다. 당신이 나이 들어감을 받아들이지 못해 우울증에 걸리신 분. 모든 것을 다 가졌어도 마음이 건강하지 못한 분. 아무 반응도 없는 어르신 앞에서 한 시간 동안 땀 뻘뻘 흘리며 미친 듯이 박장대소도 하고, 실버 체조도 했다. 어르신이 문제인지, 내가 문제인지 그날 이후 그곳에 가는 날이 두려워졌다. 어차피 준비하고 노력하고 가도 그저 어르신은 자식들이 시키니까 어쩔 수 없이 나를 만나는 거였다. 점점 자신감이 떨어지고 고민에 빠진 나는 그만 갈까도 생각했지만 나 스스로 용납되지 않았다. 어떻게 하면 어르신께서 웃을 수 있을까? 우울증에서 조금이나마 벗어난다면 바랄 게 없었다. 받아들일 준비가 되지 않은 사람의 마음을 여는 것도 강사가 해야 할 일이다. 2017년. 강사가 된 지 2년째. 그때만 해도 열정만 있었지 경험이 많지 않아서 내가 해야 할 강의에만 집중했다. 어느 날 고민에 고민을 거듭해 생각해 낸 것이 있었다. 그날도 어르신은 시큰둥한 표정으로 대충 시간만 보내고 가라는 식이었다. "어르신! 가족 앨범 좀 보여주실 수 있으세요? 어르신 삶이 궁금해요." 어르신은 서재에 꽂힌 앨범과 여기저기 놓인 사진 액자를 들고 내 앞에 앉으셨다. 그전에 보지 못했던 해맑고 아름다운 미소를 보았다. 아! 이런 거구나! 내가 하고 싶은 강의만 할 게 아니라 대상자가 흥미 있는 일도 찾아야 하는구나! 그때 깨달았다. 남편 자랑에, 자식 자랑에, 어르신 젊은 날 모습 자랑에 신이 나신 어르신 표정을 잊을 수가 없다. 그날 참 많은 대화를 했다. 웃음 치료가 뭐 따로 있나. 교육 대상자가 웃으면 웃음 치료지. 그 이후로 더 친해질 수 있었던 어르신과의 만남은 3개월 정도 이어졌다. 하와이로 요양하러 가신다고 했는데 지금은 국내에 계신 지 연락 한번 해봐야겠다.

강의의 실패와 성공 여부. 단연코 말한다. 대상자 연구를 철저히 하라! 마음의 소리. 그들의 마음의 소리를 들어야 한다. 강사가 하고 싶은 말만 할 게 아니라, 그들이 진정으로 듣고 싶은 말이 무엇일지 연구하고, 그들의 마음을 끌어안을 수 있는 청중과의 호흡이 중요하다. 온 마음과 열정을 다해 대상자를 연구한다면 충분히 가능한 일이다.

03

충실한
영애 씨!

(김영애)

당진에 있는 A 유치원에 교통안전 교육을 하러 갔다. 따뜻한 계절. 흰 울타리에 장미가 빨갛게 피어 참 예뻤다. 유치원 입구에는 아이들을 반갑게 맞이하는 선생님들의 인사에 덩달아 나도 기분이 좋았다. 선생님께서 아이들이 있는 교실로 친절하게 안내해 주셨다. 들어갔을 때 질문이 터져 나왔다. "선생님, 어디서 왔어요, 나이 몇 살이에요, 뭐 하러 왔어요?" 등등 일일이 다 대답을 해 줄 순 없었다. 교통안전 정복을 입고 있어 단정한 옷차림에 아이들의 시선이 고정되었다. 횡단보도를 교실 바닥에 깔았다. 집중을 돕는 도구가 되었다. 시선이 바로 나에게 집중되었다.

유치원, 초등학교는 다른 것보다 눈에 보이는 도구가 한몫을 차지한다. 마지막 부분에 OX 퀴즈 나 퀴즈를 준비한다. 젤리 종류를 준비해 맞춘 친구들에게 아낌없이 나눠준다. 이유 없이 주기보다 맞춘 거에 대한 보상이다. 어린아이들의 교통안전 지킴이의 사명을 즐겁고 재미있는 방법으로 준비해 나만의 스타일을 만들어 나갈 것이다.

초등학교 고학년들의 만남은 특별하다. 〈청소년방과후아카데미〉 친구들이다. 4~6학년 대상의 프로그램으로 토털공예를 진행했다. 토털공예는 다양한 종류의 공예들을 모아 복합적인 방법들을 함께 수업에 응용하는 프로그램이다. 그중 손재주도 있고 만들기를 좋아하는 여자아이가 오자마자 "오늘의 주제는 뭐예요?"라며 달려왔다. 그래서 "오늘은 레진 아트야." 했다.

토털공예의 매력은 재료이다. 레진은 UV 레진 용액을 몰드에 넣어 공예 토핑으로 꾸며서 UV 램프에 빛을 쬐어 굳게 만드는 공예다. 아이들과 재료가 만나면 자기 감성 표현의 시너지가 된다. 느낌을 제대로 살린다. 재료에 창작을 더 첨가해 멋진 작품으로 만든다. 토털공예는 재료 그 자체로 스폿과 라포가 형성된다.

그래서 아이들이 즐겁고 재미있게 할 수 있는 재료들을 찾는다. 주로 거래하는 인터넷 매장을 둘러보거나 요즘 트렌드 시장을 유튜브나 블로그 등으로 탐색한다. 시간을 투자한 것만큼 좋은 아이템을 수확한다. 20

년 토털공예 수업을 했다. 유치원생부터 어른에 이르기까지 참 많은 재료들을 사용해 사람의 마음을 치유했다. 서로 소통의 장으로도 사용된다. 무에서 유를 창조하는 세상에서 하나밖에 없는 내 작품이 된다. 하나를 만들 때 심혈을 다해 만들도록 한다. 내가 작가라고 생각하며 만들도록 유도한다.

하나를 하더라도 제대로 하는 습관을 갖도록, 가슴속에 열정을 자극해준다. 진행되면서 재료를 통해 공감과 집중의 시간이 된다. 아이들의 습관도 일상에서 바꿔 줄 수 있다. 강사로서 사소한 것도 놓치지 말아야겠다는 큰 깨달음을 갖는 시간이었다.

풍선아트 자격증 과정을 개설해 수강생들이 모였다. 주로 학교 선생님들이다. 유치원 교사, 보건교사, 학교 선생님들이었다. 선생님들은 한결같이 학교에서 아이들한테 활용해 주고 싶다고 했다. 생활 속에서 실용적인 내용으로 준비해 강의했다. 풍선은 아이나 어른 모두를 행복하게 만들어 주는 재료다.

풍선 불다 터지는 느낌이 싫다는 선생님이 풍선 불다 터졌다. 싫었던 생각보다 스트레스가 확! 풀린다고 하셨다. 그러면서 활짝 웃으시는 선생님의 얼굴이 생각난다.

풍선이라는 재료는 다양한 놀이로 사용된다. 어떤 스폿보다 더 강하게 어필된다. 전래놀이든 놀이체육이든 첫 수업할 때 함께 풍선을 분다. 풍선을 갖고 할 수 있는 놀이를 다양하게 제시한다. 조직 팀 빌딩에서도 풍선을 갖고 할 수 있는 놀이는 무궁무진하다. 풍선을 강의에 응용한다.

내가 잘하는 토털공예로 강의 결과물을 만들 때 사용한다. 클레이, 색종이, 풍선, 리본, 스티커, 스크래치 등등.

B 특성화고 취업캠프 수업을 했다. 남녀공학의 공업고등학교였다. 교실로 들어서니 학생들 스무 명 정도가 교복을 입은 채로 앉아 있었다. 먼저 내 소개를 했다. 아이들은 호기심 어린 눈으로 나를 보았다. 오늘 할 수업은 마인드맵이었다. 기존 방식과는 조금 다르게 풍선에 그려서 완성했다.

풍선을 꺼내자 아이들이 더 관심을 가졌다. 학교 강의는 재료를 무엇을 이용하냐에 따라 집중도가 달라진다. 흥미를 줘야 하고 시각화도 크다. 예쁘게 부각할 수 있는 것 그 자체가 나의 노력의 산물이다.

노력해서 안 되는 건 없다. 단지 내가 어디에 포인트를 두고 강의를 하느냐에 따라, 학생들의 경청을 끌어 올릴 수 있다. 학생들과 만나 이야기하며 내가 관심을 가질 때 행복하다. 희망이 보인다. 특성화고 마인드 함양 캠프를 많이 다닌다. 이론적인 딱딱한 수업보다 재미있고 흥미로운 재료들을 활용해 만드는 시간으로 한다. 오늘은 스크래치 종이를 활용한다. 종이를 다양한 모양으로 잘라 뾰족한 나무젓가락으로 쓸 때, 다양한 컬러 글씨가 돋보여 일품이다. 리본에 그 강점 카드를 붙여 조별로 창가에 달아둔다. 학생들이 다니며 다시 나의 강점을 상기시킨다. 엄청 뿌듯해 한다.

안산에 있는 C 고등학교 캠프에 참석했다. 산학 도제부 학생들을 위한 취업 이후 산업안전을 위한 교육이었다. 미디어 콘텐츠과와 시각디자인과 산학 도제부였다. 산학 도제부는 학교에서 취업 역량 강화를 위한 취업 전문반이다. 이 학생들은 컴퓨터를 많이 활용해 일을 한다. 그래서 몸풀기를 스트레칭을 응용한 몸체조로 시작했다. 3시간 동안 학생들은 안전에 대해 깊이 생각하는 시간을 가졌다. 사소한 행동에도 내 몸이 다칠 수 있고 질병으로 연결될 수 있다는 것을 알게 해준 시간이었다. 스토리텔링 방식의 수업으로 이끌었다. 수업 받는 학생들의 분포도를 파악했다. 남학생이 절반 이상이다. 여학생들도 분위기를 잘 맞춰 주었다. 딱딱할 수업이 부드럽게 진행되었다. 취업을 준비하는 학생들이라 산업안전의 응급처치법 등을 알려주고 직접 해 보았다. 압박붕대를 감는 법, 삐었을 때 대처법, 심폐소생술 등 학생들이 직접 참여하여 결과물이 나오는 수업으로 응용해 보았다. 수업이 끝나고 학생들이 설문지를 작성했다. 지금까지 산업안전교육을 받았지만 재미있게 메시지를 전달받기는 처음이었다고 했다. 웃으며 마무리를 했다. 받는 대상에 따라 재료를 적절히 활용한다. 미리 미리 강의 준비하며 생각나는 수업 방식을 적용해본다. 나만의 스타일로 만들어 간다.

이른 시간부터 준비해 새벽바람을 맞으며 달려간 이곳. 아산에 있는 D 정밀 회사였다. 한창 벚꽃이 피는 계절이었다. 그 회사 길목에 피어 있는 벚꽃이 오는 사람을 맞이해 주는 듯했다. 주차장에 도착하니 담당자분이 앞에서 반갑게 맞이해 주었다. 교육장까지 직접 안내해 주며 강의를 시작할 수 있게 분위기를 만들어 주었다. 산업안전교육이었다. 아침 일찍 7시 30분에 일선에 계신 분들이 교육장을 채워 주었다. 첫인사를 밝게 하니 미소를 지었다. 대상자들은 젊은 층보다 50~60대 직원들이 많았다. 산업안전의 핵심 포인트는 "당신은 안전하십니까? 나도 안전. 회사도 안전. 다른 사람도 안전해야 합니다."였고, 대상자는 많은 기계를 다루는 일을 하는 분들이었다. 잠깐 딴생각을 하는 건 위험하다고 알려주었다. '몸이 불편하면 무리하지 마세요.'를 강조했다. 강의를 마쳤다. 담당자가 배웅해 주며 명함을 요청했다. 항상 위험 속에 진행되는 일상 속에 강하게 메시지를 주셔서 감사하다고 하셨다. 새벽이 밝았다. 강의 마친 후 피드백을 받으니 뿌듯했다.

고객의 니즈를 생각해 본다. 강의 가기 전 위의 질문을 먼저 던져 생각하며 강의를 준비한다. 처음에 어떻게 오프닝할까? 그 고객이 호응하고 공감하면 그 강의는 성공한 것이다. 대상들이 공감할 감성터치의 일상을 내용으로 시작한다. 집중과 경청을 끌어올리기 위해선 무대에서 시행착오를 하며 스스로 터득해야 한다. 누구도 대신해 줄 수 없다. 메시지 전달도, 라포 형성도 중요하다. 대학 졸업하고 끊임없이 배웠던 자격증들, 골고루 이곳저곳에서 사용하고 있어 얼마나 감사한지 모른다. 매일매일 이 행복하다. 오늘은 어떤 고객들이 나를 기다리고 있을까?

많은 경험을 통해 고객을 들어다 났다 하며 마음을 감동시키는 명강사가 될 것이다.

04

잘나가는 강사로의
성장

(김은주)

"잘나가는 강사 김은주입니다."

강의 현장에서 교육생들에게 이렇게 인사를 한다. "제가 어디로 잘 나 갈까요? 집 밖으로 매일 나가기 때문에 저는 잘나가는 강사입니다."라고 말씀을 드리면 대부분 교육생이 교육 시작도 전에 웃으며 마음을 연다. 그러면서 자연스럽게 앞의 잘나가는 강사에게 집중한다.

이 방법은 현재 활동하는 〈국민강사교육협회〉에서 배운 것이다. 강사 에게 필요한 분야의 공부를 하면서 김규인 협회장님께 배운 것을 활용하 고 있는데 교육생들에게 반응이 좋다.

강사로 출발하긴 했지만, 생각한 것보다 어려운 부분이 많았다. 강의안 준비보다 어려운 부분이 있었는데, 그것은 바로 교육생들을 집중하게 하는 것이었다. 강의 주제, 교육생, 교육 환경 등이 강의 때마다 다르다 보니, 교육생들이 강사만 바라보고 강사의 말에 귀를 기울이고 집중해 주길 바라는 마음은 큰 욕심 같았다. 교육생들의 집중도를 끌어올리는 게 큰 숙제였다. 숙제는 실전 강의 경험을 많이 쌓아야 해결된다고 생각했다.

'강사라면 김은주 강사라는 이름을 조금은 알릴 수 있어야 하지 않을까?'라고 생각했다. 하지만 김은주 강사를 알고 불러줄 사람은 아무도 없었다. 그래서 강의 현장의 기회를 주는 강사 양성 교육 기관들을 찾았다. '어느 곳에서 나를 키워주고 나를 인정해 주고 성장시켜 줄 수 있을까?' 생각하며 여기저기 기웃거리기 시작했다. 기웃거리고 배회한 끝에 자리 잡은 곳이 바로, 현재 활동하고 있는 〈국민강사교육협회〉다.

내가 가려운 부분을 정확히 알고 긁어주는 곳, '내가 찾던 곳이 이곳이구나!'라고 생각했다. 그 이후 강사라는 직업에 날개가 달렸다. 그토록 바라던 강의를 할 수 있는 기회가 많아졌다. 강의 현장에서 교육생들과 소통하기 위해 전국으로 강의 여행을 떠났다. 그래서 나는 잘나가는 강사가 되었다.

강의가 끝나고 집으로 돌아오는 길은 생각이 많다. 교육생들의 호응이 좋은 날에는 '어떤 점이 교육생들을 집중하고 적극적으로 반응하게 했을까?' 생각했다. 내가 진행한 강의를 돌아보는 시간을 가지며 반응이 좋았던 날에는 나를 토닥토닥해 주었다. 그러면서 교육생들에게 인기가 많은 강사가 되는 방법을 정리하게 되었다. 교육생들의 집중과 경청을 끌어내는 나만의 강의 방법들을 정리해 보았다.

첫째, 밝은 이미지로 교육생들 앞에 서는 것이다. 많은 교육생이 교육이 끝난 후 "강사님 강의 들으면서 기분이 좋아지는 것 같았어요.", "강사님의 밝은 이미지가 집중하게 만들어요."라며 나의 밝은 이미지에 대한 긍정의 표현을 해 주었다. 강의를 많이 하고 싶었던 나에게 교육생들은, 귀한 보물로 다가왔다. 보물을 보고 인상을 찌푸릴 사람은 아무도 없지 않나! 교육생들과 함께하는 시간이 감사하고 귀한 시간이라, 나의 얼굴과 목소리에 밝은 기운이 자연스럽게 스며들었다.

둘째, 교육생의 눈높이에 맞출 수 있도록 강의를 계획하고 준비한다. 〈국민강사교육협회〉의 김규인 협회장님께서 자주 강조하는 표현이 있다. "강의 의뢰가 오면 그 교육 대상자가 되었다 생각하고 그들의 삶으로 들어가 봐라. 그들처럼 생각하고 그들처럼 살아보려고 노력해라!"이다. 그래서 강의 의뢰가 들어오면 내내 교육생의 마음이 되려 노력한다. 그러다 보니 그들의 가려운 부분을 긁어줄 수 있는 교육을 진행할 수 있게 되었다. 예를 들면, 유치원의 학부모님 대상으로 강의할 때, 부모님들이 가장 듣고 싶어 하는 내용을 들려주는 방법이다. 장애 인식 개선 교육을 진행한다면 '장애인과 비장애인의 통합교육 효과'에 대해 이야기한다. '내 아이가 발달장애가 있는 아이들과 함께 생활하다 보면, 혹시나 학습에 지장이 있지나 않을까?'라는 걱정이 많은 부모님들이다. 그런 부모님들에게 통합교육을 받았을 때 긍정적으로 달라지는 우리 아이 모습을 사례 중심으로 이야기해 주는 것이다. 그들이 궁금했던 부분을 이야기함으로써 학부모님들의 반응이 달라지고 얼굴이 활짝 피었다. 강의를 마친 후 '학부모님들의 긍정적인 피드백으로, 다음에도 장애 인식 개선 교육 꼭 부탁한다'는 메시지와 함께 담당자가 감사의 인사 문자를 보냈다.

셋째, 공감과 경청이다. 교육생들만 강사의 말에 집중하고 경청해야 하는 것이 아니다. 그들이 표현하는 말을 잘 들어주었다가 강의 도중에 그 말을 하게 되면 교육생들의 눈빛이 달라진다. "조금 전에 저기 계신 선생님의 말씀처럼 저도 이 부분을 그렇게 생각합니다."라는 표현만으로도 교육 대상자들의 표현을 많이 끌어낼 수 있다. 그리고 공감이다. 교육 대상자들의 표현을 경청하고 있다가 "맞아요. 저의 엄마도 평소에 우리 선생님과 같은 말씀을 많이 하시더라고요. 부모님들의 마음이 모두 똑같다는 생각이 듭니다."라고 하면 일제히 고개를 끄덕이며 함께 공감하게 되면서 시선이 내게 머문다. 눈빛이 반짝반짝 빛난다. 나의 손짓 하나에도 반응을 보여준다. 다음에는 무슨 이야기를 하려나 하는 호기심 가득한 눈빛이 된다.

넷째, 내가 먼저 인사를 건네기다. 교육장에 들어서면서부터 활기찬 목소리로 인사를 건넨다. 강의 준비를 모두 마친 후 먼저 교육장에 와 계신 분들을 한 분 한 분 찾아다니면서 날씨나 옷차림 등에 관한 플러스 인사말을 나누는 시간을 꼭 갖는다. 그럼 신기하게도 눈 맞추며 먼저 인사를 나눈 분들은 강의가 진행되는 동안 한눈팔지 않고 집중하시며 적극적으로 교육에 참여하신다. 질문을 하게 되는 경우에도 먼저 인사를 나눈 분들에게 하게 되면 100프로에 가까울 정도로 대답을 잘해주신다. 인사만 잘해도 인성이 좋은 사람이라는 말도 있다. 또한 호감이 가는 이미지로 기억한다는 것을 CS 교육이나 친절 교육, 예절 교육, 소통 교육 등에서 많이 배웠다. 이미지 메이킹에서 배운 내용을 교육생에게 실천했다. 덕분에 처음보다 교육생들의 집중도가 높아졌다. 내가 먼저 인사하기를 더욱더 잘 실천해야겠다는 생각도 하게 되었다. 그래서 강의 시작 시각 30분 전에는 꼭 도착하려고 노력하고 있다.

다섯째, 쉬지 않고 공부하기다. 〈국민강사교육협회〉 김규인 협회장님께서 "강사는 해 뜨기 전에 일어나야 한다." 강조하는 표현이다. 일찍 일어나서 책도 읽어야 하고 감사일기도 써야 하고 강의안 연구도 해야 하고…. 성장하는 강사가 되기 위해, 교육생들의 눈과 귀를 나에게 향하게 만들기 위해서는 쉬지 않고 공부하는 것이다. 내면이 꽉찬 강사로 교육생들 앞에 당당하고 자신감 넘치는 모습으로 설 수 있기 위해 노력해야 한다. 아침 6시 블로그 모임을 가지면서 내가 포스팅한 내용이 상위에 노출될 수 있도록 블로그 공부를 하고 있다. 그 덕분에 2~3건의 강의 의뢰가 꾸준히 들어오고 있다. 아마도 강의 의뢰가 많아지는 하반기에는 지금보다 더욱 많은 건수의 강의 의뢰 요청이 있으리라 기대하고 있다.

늘 교육생 입장에서 생각하고, 교육이 끝난 후에는 나의 강의를 평가해 보며 집중과 경청을 끌어내는 교육 방법들을 수정하고 보완하고 있다. 그 시간을 통해 조금씩 잘나가는 강사로 전국에 나의 이름을 알리고 있다.

"우리 삶을 스쳐 지나가는 모든 이들은 각각 특별한 존재이다. 누구든 항상 그의 무언가를 남기고 또 우리의 무언가를 가져간다."는 소설가 보르헤스의 말이 생각난다. 교육 대상자들에게 메시지를 남기기도 하지만 나도 교육 대상자들의 세상을 통해 그들의 무언가를 가져오게 된다. 그 시간의 반복 덕분에 진정한 강사로 거듭날 수 있었다. 그래서 잘나가는 강사로 오늘도 콧노래를 부르며 신나는 강의 여행길에 오른다.

05

눈을 잠시
감아보실래요?

(김창범)

2023년 4월 21일. 경기도 남양주시에 있는 K 초등학교 1학년 학생을 대상으로 '장애 인식 개선 교육'을 하는 날이다. 양복에 넥타이를 매고 잠시 거울을 쳐다본다. 잠시 생각에 잠겼다. 초등학교 1학년을 마주하는 것은 참 오랜만이다. 1978년 고등학교를 졸업하던 해에 당시 다니던 '교회 주일학교'에서 1학년을 담임을 맡았을 때가 처음이었다. '초등학생 1학년을 대상으로 어떻게 강의를 시작해야 할까, 무슨 말을 어떻게 꺼내야 할까, 내 말을 잘 알아들을 수 있을까?' 혼잣말로 중얼중얼거린다. 강의 자료를 담은 가방을 싣고 남양주시로 차를 몰았다. 출근 시간과 맞물려서

인지 도로에 차들이 많았다. K 초등학교에 도착하여 주차장에 들어서니 차들이 가득하다. 학교 건물에 들어선다. 아이들의 떠드는 소리가 요란하다. 1층 계단을 올라 2층에 있는 1학년 교실을 찾아간다. 손가방을 든 아이들과 실내화를 든 아이들로 붐볐다. 아이들 틈 사이를 겨우 지나 1학년 3반 교실에 도착했다. 교실 벽 쪽으로 신발장이 있고, 모양과 색깔이 다른 꼬마 아이들의 신발이 가지런히 놓여 있다.

심호흡을 하고 교실 문을 노크하려는데 〈경기도장애인재활협회〉 최 선생이 다가온다. "강사님, 오셨어요? 오시느라 수고 많으셨어요. 오늘 1학년 3반 대상으로 교육이시죠? 제가 조금 전 1학년 1반과, 2반 학생들을 대상으로 교육했어요. 너무 시끄럽고 통제가 되지 않아 정신이 하나도 없었어요." 나를 빤히 쳐다보며 이야기한다. 순간 초등학교 1학년 대상으로 이야기를 풀어간다는 것이 쉽지 않다는 것을 알아챌 수 있었다. "알았어요. 최 선생님, 강의하면서 중간중간 아이들 분위기를 볼게요. 상황이 여의치 않으면 조금 일찍 마무리하든지 해보겠습니다." "아마 그러셔야 할지도 모르겠어요. 수고하세요." 최 선생은 말을 마치고 다른 반 강의를 준비해야 한다며 휴게실로 들어간다.

노크하고 교실 문을 열었다. 마스크를 쓴 담임 선생님이 친절하게 맞아주신다. 여선생님이셨다. "우리 반 학생 수는 25명이에요." 하시며 학생들이 앉은 책상 맨 뒷줄로 자리를 옮긴다. 칠판에는 수업시간표와 각종 안내의 글이 쓰여 있다. 탁자 위에는 모니터 두 개와 여러 사무용품이 놓여 있다. 벽걸이 모니터 화면에 강의 자료 첫 페이지를 띄웠다. 담임 선생님이 뒤에서 "반장, 인사해야지."라고 한다. 맨 뒷줄 가운데 앉아 있는 여학생이 일어난다. "선생님께 인사." "안녕하세요, 선생님." "반가워요. 여러분." 인사를 마쳤다. 아이들은 낯선지 나를 뚫어져라 쳐다본다. 눈빛이 초롱초롱하다. 창가 쪽에 앉아 있는 아이들부터 한 명씩 둘러보았다. 아이들은 마스크를 다 쓰고 있었다. 그동안 코로나가 어린이들에게도 얼마나 심각했는지 짐작할 수 있었다. 나도 손을 호주머니에 슬그머니 넣고 마스크를 꺼내 썼다. 아이들의 책상과 의자가 이렇게 작았나 싶다. 내 어릴 적 기억에는 그리 작지 않았던 것 같았다. 순간 세월의 흐름을 느껴본다. 맨 뒤쪽 벽에 학생들의 책장이 있고 칸칸이 어린이들의 이름표가 붙어 있다. 가방 등 다양한 소지품이 담겨 있었다. 왼쪽 벽 책장에는 색연필 등 각종 교재 도구 등이 빼곡히 담겨 있다.

"여러분, 반가워요. 우리 모두 양손을 모아 손깍지를 껴 볼까요, 이렇게요?" 하며 깍지 낀 모습을 아이들에게 보여준다. 그리고 "눈을 살짝 감아봐요. 그다음 깍지 낀 손을 가만히 무릎 위에 올려놓아 보세요." 나도 지그시 눈을 감았다. 천천히 속삭이 듯 이야기를 시작했다. "요 며칠 사이에 여러분이 만났던 사람들의 얼굴을 하나하나 떠올려 보세요. 누가 보이던가요? 어떤 사람이 떠오르던가요? 엄마, 아빠, 옆 동네 친구, 옆집 아저씨와 아줌마 얼굴이 보이던가요? 아니면 또 다른 모습의 얼굴들이 생각나던가요?" 잠시 교실 안이 조용해진다.

"이제 눈을 떠 보세요. 누가 보였는지 손을 들고 얘기해 볼래요?" 여기 저기서 하며 학생들이 손을 든다. 두 손을 들며 흔드는 아이도 있다. "지팡이 짚고 가시는 할머니와 할아버지를 봤어요. 우리 옆집에 사시는 아줌마도 봤어요. 리어카 끌며 종이 줍는 할아버지도 봤어요." 한다. 어느 남학생이 장난치듯 손을 번쩍 든다. "아무도 못 봤는데요." 하며 뭐가 그리 좋은지 마치 춤추듯 온몸을 흔든다. 순간 교실 안이 웃음바다가 되었다. 나는 준비했던 강의 자료 중에 휠체어를 탄 이미지의 그림, 흰 지팡이를 의지해서 걷고 있는 사람, 귀에 손을 대고 자세히 듣고 있는 모습의 그림을 하나하나 보여주며 이렇게 말했다. "혹 여러분들이 떠올린 사람 중에 이러한 모습의 사람들은 없었나요?" 학생들이 차분해졌다. 그렇게 초등학교 1학년을 대상으로 한 생애 첫 장애 인식 개선 교육은 시작되었다.

당초 우려와는 달리 아이들은 마치 자기들이 주인공이 된 것처럼 잘 호응해 줬다. 자신들이 보고 느꼈던 장애인들에 대해 표현하기 시작했다. 마치 아이들이 강사가 된 것처럼 설명도 열심히 한다. 진지한 어린아이들의 이야기에 오히려 내가 몰입되는 것 같았다. 마치 아이들이 내 마음속을 들여다보는 것 같았다. 간간이 퀴즈도 풀었다. 함께 친구처럼 대화도 했다. 1학년을 대상으로 한 학교에서의 첫 강의 40분이 잘 마무리되었다. 선생님께 먼저 감사의 인사를 했다. 학생들과도 "수고했다."라며 인사했다. 다음에 만나자는 말을 남기고 교실 문을 나오려는데 한 여자아이가 내 곁으로 온다. 머리는 두 갈래로 땋았다. 맑은 눈망울을 가진 안경을 쓴 아이였다. "선생님, 언제 다시 올 거예요? 꼭 다시 오실 거죠?" 순간 짠한 무언가가 가슴을 울리는 것 같았다. 눈시울이 뜨거워짐을 느꼈다. 난 무릎을 굽혀 아이와 눈높이를 맞췄다. "그래. 우리 조만간 다시 만나자, 아프지 말고 공부 열심히 해야 돼." 하며 여자아이를 쳐다봤다. 그렇게 1학년 3반 아이들과 헤어졌다. 차를 몰아 수원으로 오는 내내 생각에 잠겼다.

2022년 말경 〈아바타: 물의 길〉이란 영화를 감명 깊게 보았다. 상상을 초월한 장면과 엄청난 제작기술력이 눈에 보이는 듯했다. 짧은 시간에 영화관을 찾은 관람객이 국내 최고였다는 말에도 놀랐다. 하지만 내 가슴을 움직이게 한 것은 너무도 가족적이고 인간적인 장면과 대화 내용이었다. 마음이 움직일 수밖에 없었다. 나는 서서히 영화 속에 주인공이 되어가는 느낌이었다. 이런 대사가 나온다. "I See You." 자막의 표현도 "나는 당신을 봅니다."였다. 너무 단순한 번역 표현이 이상할 정도였다. 그냥 내 앞에 서 있는 '당신을 본다'는 자막의 표현이 전부일까. 내가 영화

속의 주인공이 되고 보니 그 의미를 정리할 수 있었다. '나는 당신의 마음을 충분히 이해합니다. 당신의 영혼 깊은 곳까지도 이해합니다.'라는 의미로 이해되었다.

강의 현장은 강사와 청중의 눈과 눈이 만나는 곳이다, 마음과 마음을 주고받는 곳이다. 사람 사는 이야기와 삶의 냄새를 맡는 곳이다. "나는 당신을 봅니다."라는 말의 의미와 마음이 통하는 강의 현장에 오늘도 나는 서 있다.

06

경험이
강의를 만든다

(민혜영)

쉽게, 재미있게, 의미 있게.

이 슬로건은 블로그 쓸 때마다 넣는 나만의 문구이다. 강사로서 가장 중요하게 생각하는 부분이기도 하다.

교육생은 교육 도입 단계에서 교육에 몰입할 것인지 결정한다. 이때 호기심과 기대, 관심과 재미를 넣어서 '마음 열기'를 할 수 있도록 강의를 연다. 이것이 바로 오프닝 기법이다. 오프닝 기법에서는 강사 소개와 스팟(Spot)이 같이 이루어진다. 몇 시간 강의를 하느냐에 따라 오프닝 시간은 달라질 수 있다. 강사 소개는 30초에서 1분 정도가 적절하다. 스팟은 교육생과 교육생이 눈을 마주치고 관심을 갖는 시간이다. 교육생과 강사가 호기심을 갖고 마음을 열어가는 시간이다.

오프닝에서 스팟을 활용해 라포(Repport: 상호 신뢰관계)를 형성한다. 라포는 '마음의 유대'란 뜻으로 서로의 마음이 연결된 상태 즉, 서로 마음이 통하는 상태를 뜻한다. 그로 인해 경청과 공감이 이루어졌다면 내 강의의 반은 성공했다고 생각한다. 나는 이렇게 강의를 시작한다.

어떤 분야의 강의인지, 대상자가 누군지, 강의 시간은 어떤지 사전 파악이 중요하다. 이 중요한 정보에 따라 스팟은 달라진다. 퀴즈는 남녀노소 불문하고 좋아한다. 유아나 초등 저학년은 따라 하고 외치는 것을 좋아한다. 율동을 하면 더 행복해한다. 초등 고학년은 복불복이다. 어떨 땐 초등학생처럼 신나고, 어떨 땐 중학생처럼 폼을 잡는다. 이럴 땐 누구나 좋아하는 퀴즈를 선택한다. 중학생은 확실하다. 움직이는 건 싫다고 눈빛으로 이야기한다. 여기서 말하는 건 시작 10분의 스팟이다. 왜냐하면 활동은 누구보다도 열심히 잘하기 때문이다. 사춘기의 정점이라고 하는 중학생은 오히려 단순하다. 나에게 이 아이들은 해맑고 귀엽다. 고등학생은 학교에 따라 편차가 크다. 나의 모든 걸 걸어도 에너지가 딸리는가 하면 나의 눈짓, 몸짓 하나로도 분위기를 살려주는 경우가 있다. 특히 칭찬을 많이 해주고, 긍정적인 표현을 많이 한다. 몸은 컸지만 아직 어리다. 학생들 중 가장 과거를 그리워하는 친구들이기도 하다.

MZ 세대(밀레니얼 세대와 Z세대를 합쳐 부르는 말로 대한민국 신조어. 1981년~2012년 출생)는 사실 가장 조심스럽다. M 세대와 Z 세대 간의 나이 편차가 매우 크다. 하지만 라포 형성이 잘되면 끝까지 믿어주고 호응을 해준다. 솔직히 호응 끝판왕은 아니지만 의리파이기도 하다.

어르신 강의는 강사 초반에 일 년 정도 소그룹으로 노인회관에서 교육을 진행했다. 끝나면 먹을 것을 챙겨 주었다. 찐 고구마, 감자, 밤, 귤 등을 주었다. 부침개를 하는 날엔 부침개도 주었는데 그 맛이 꿀맛이었다. 먹을 것을 가장 많이 챙겨줘서 따뜻함이 생각난다. 어르신들은 공감을 잘해주고, 강사 칭찬을 많이 해준다. 최근에 시니어 클럽 어르신 강의를 할 때 예전 생각이 나서 느낌이 남달랐다. 어르신일수록 몸을 움직이게 한다. 호응을 잘해주는 시니어 강의가 새삼 재미있다. 어르신들 호응은 끝판왕이다. 이렇게 대상자 사전 파악이 되면 강의가 쉬워진다. 강의가 재미있다. 이것은 강의하면서 다양한 대상자를 만난 10년 된 나의 경험이다.

강의 분야에 따라 다소 차이가 날 수 있다. 집중과 경청을 끌어내고 재미를 주는 강의는 사례 중심 강의이다. 그렇다고 이론이 빠질 수 없다. 개념을 정확하게 알아야 사례가 빛날 수 있다. 학교 강의에서 집중과 경청은 활동이라고 할 수 있다. 예를 들어 '미래 직업 탐색과 나의 직업설계'라는 강의를 한다고 하자. 아이들은 지식을 얻을 수 있거나, 모르는 분

아에 대해서는 집중한다. 뻔한 이야기는 경청하지 않는다. 뻔한 이야기를 펀(Fun)하게 바꿔야 한다. 강의 시작 전에 내가 알고 있는 직업을 써보자 했을 때 아이들은 생각하기 시작한다. 내 가족의 직업부터 주변에서 본 직업, TV에서 본 직업, 미래의 직업까지 생각한다. 단, 주어진 시간이 5분이라면, 10분이라면 아이들은 승부욕을 발휘한다. 타임이 꺼지는 순간 웅성웅성, 여기저기서 탄성이 나온다. 그 어려운 직업을 아이들은 순식간에 써 내려간다. 이어서 '우리나라의 직업의 개수는?'이라고 질문해 보자. 지금부터는 말문이 트인 아이들은 나름 생각하는 개수를 외친다. 여기서 강사는 up up~ down down~ 만 해도 분위기를 전환할 수 있다. 앞부분에 스팟으로 해도 되고 중간에 퀴즈로 해도 된다. 정답은 없다. 강사가 제일 잘할 수 있는 방향으로 이끌어 나가면 된다.

다른 예로 조금 흥미가 떨어지는 '독서의 필요성과 독서 방법'이라는 강의를 한다고 하자. 유명한 독서광들과 연예인 독서광들을 같이 비교해주면서 흥미를 유발할 수 있다. 이때 활동지 작성에 '독서를 왜 할까? 내가 책을 읽는 이유는? 나만의 독서 실천방법은? 롤모델 관련 책 중에 어떤 책을 읽으면 좋을까?'라는 활동지가 있다. 혼자 열심히 써도 되지만 방법을 조금 달리할 수 있다. 우리 반의 다섯 명의 친구에게 내용을 직접 받아오게 해보자. 참여자들은 모두 일어나서 질문을 하고 서로에게 내용을 받는다. 자리로 돌아와 마지막에는 나의 내용을 추가해 본다. 나의 활동지는 순식간에 내가 생각지도 못한 좋은 방법들로 채워진다. 그뿐만 아니라 집중과 경청을 통해 참여자들 서로 동기 부여를 할 수 있다. 무엇보다 몸을 움직이고 말을 하면서 재미있게 참여할 수 있다. 같은 활동이지만 방법만 조금 바꿔도 다른 분위기를 만들어 낸다.

기업 강의도 흐름은 마찬가지다. 초반 10분을 가장 중요하게 여긴다. 교육생이 몰입할 수 있도록 호기심을 유발해야 한다.

CS(Customer Service: 고객서비스) 친절 교육을 갔을 때 일이다. 고객의 심리적 욕구 중에 '고객은 환영받기를 원하고, 존중받기를 원하고, 특별하게 대접받기를 원한다.'라는 내용이다. 오늘 교육 대상은 A기업의 미화, 경비, 시설을 관리하는 교육생이다. 교육생은 나의 고객이라고 생각한다. 강의 전에 대상자가 누구인지 사전 파악을 하는 이유이기도 하다.

불만고객 관리 부분을 설명했다. 불만 처리 단계에서 가장 먼저 사과를 한다. 두 번째, 고객의 말을 잘 듣고 있다는 경청과 공감을 한다. 세 번째, 해결책을 생각해 본다. 네 번째, 신속하게 해결하려고 노력한다. 다섯 번째, 결과를 통해서 만족했는지 확인하고 앞으로 이런 일이 발생하지 않도록 관리한다.

한 교육생의 표정이 좋지 않았다. 무엇을 말하고 싶은지 표정으로 알 수 있었다. 바로 강의를 이어갔다. "왜 먼저 사과하고 경청과 공감을 할까요?" 바로 감정이 먼저이기 때문이다. "빠른 해결책을 내놓으면 고객이 더 좋아하지 않을까요?" 해결책은 결국 이성이다. 나의 소견으로 고객과의 관계에서 이성보다는 감정이 먼저다. 그래서 해결책을 처음에 제시할 수 있지만, 고객의 마음을 먼저 알아차릴 때 사과하게 되고 경청과 공감이 나올 수 있다. 실제로 두 분을 앞으로 나오게 해서 역할극을 해보았다. 어떤 생각이 드느냐고 물어보니 상대방의 입장이 공감이 된다고 했다. "오늘, 선생님들은 저의 고객입니다. 누구나 고객이 될 수 있습니다." 입장을 바꿔서 생각해 보면 알 수 있다.

톨스토이가 말했다. 노력은 수단이 아니라 그 자체가 목적이라고. 노력하는 것 자체에 보람을 느끼면 누구든지 인생의 마지막 시점에서 미소를 지을 수 있을 것이라고.

아무 일도 하지 않으면 어떤 일도 일어나지 않는다. 나는 오늘도 더 나은 강사가 되기 위해 공부하고 노력하고 있다.

07

역지사지(易地思之)의 힘

(박은주)

"이 몽타주를 보세요. 제가 학교폭력예방 강사로 보입니까? 학교폭력 가해자로 보입니까?" 오른손으로 자신의 얼굴을 가리키며 말한다. 여기 저기서 웃음 참는 소리가 들린다. "가해자요." 누군가 툭 던진 한마디에 학생들은 눈치를 보다가 결국 폭소를 터트린다. 남자고등학교 전교생 팔백 명이 모인 강당에서 한바탕 웃음으로 교육은 시작되었다. 〈학교폭력 예방센터〉 총장님은 체격이 크고 인상이 강한 편이다. 가끔 자신을 이렇게 소개하며 강의를 시작하면 학생들의 집중력은 최고다.

강의 중간 학생들의 호응이 잦아질 즈음, 가방에서 사탕 봉지를 꺼낸다. 무대에서 내려와 통로를 오가며 학생들을 향해 작은 사탕을 뿌린다. 앉아 있던 학생들이 일제히 일어나 작은 사탕을 손에 쥐겠다고 이리저리 몸을 움직인다. 사탕 몇 개를 손에 쥐고 환호한다. 세상을 다 가진 표정이다. 예상하지 못한 강의장 분위기에 선생님들은 잠시 당황해하지만, 총장님은 웃고 있다.

왜소한 체구에 초록색 책가방을 둘러메고 외부 강사가 등장한다. 고등학교 1학년 남학생들과 조금이라도 키 차이를 줄이고 싶어서 굽 높은 검은색 실내화를 신었다. 학생들이 한 번 쳐다보고는 '이번 시간은 쉬는 시간'이라는 표정으로 책상에 엎드린다. 어떤 학생은 학원 숙제를 끝낼 수 있겠다는 의지를 보이며, 문제 풀던 손이 더 바빠진다. USB를 꽂고 TV 모니터를 켰다. 아이돌 그룹 여자친구의 〈오늘부터 우리는〉이 흘러나온다. 학생이 한 명, 두 명 고개를 들어 화면을 응시한다. 강사의 짧은 율동에 박수와 함성이 터져 나온다. 순식간에 "오늘부터 우리는~" 떼창이 이어진다. 맨 뒷줄 체격이 큰 학생이 천천히 몸을 일으키고 의자를 당긴다. 서울 사람 억양으로 상냥하고도 힘 있는 목소리로 인사한다. 생명존중 교육시간이 쉬는 시간이 아니라 참여하는 시간으로 바뀌었다.

교육 내용을 효과적으로 전달하는 것은 중요하다. 청중이 강사와 연결되는 열쇠는 집중력이다. 집중하지 않는 강의는 듣지 않는 강의가 되고, 듣지 않는 강의는 내용을 전달하지 못한다. 강의의 성패는 시작 5분 안에 판가름 나기에 강사의 고민은 스팟(SPOT) 기법이다. 스팟의 가장 기본적인 목표는 참가자들의 마음을 여는 것이다. 모든 강사가 똑같이 적용해야 하는 것은 아니다. 자신의 강점을 활용하고 자신감 있게 진행할 때 강사는 효과적으로 메시지를 전달할 수 있다.

〈국민강사교육협회〉 김규인 회장님은 말한다. "PPT를 그대로 읽을 거면 강의할 생각하지 마라. 그건 초등학생도 다 한다. 그건 강의가 아니다." 나름 세 가지로 해석한다.

첫째, PPT는 시각적으로 내용 전달의 효과를 높일 수 있다. 그러나 정리되지 않은 말을 그대로 나열한다면 청중의 집중력을 떨어뜨린다.

둘째, 강의는 내가 하고 싶은 이야기가 아니라 청중이 원하는 이야기를 해야 한다. PPT를 띄워놓고 글자 그대로 차근차근 읽는 것은 일방적인 말하기에 불과하다.

셋째, 강의는 혼자 말 잘하는 프레젠테이션이 아니라, 슬라이드의 내용을 뛰어넘는 상호작용이 필요하다. 효과적인 커뮤니케이션을 구축하고 청중과 정보를 공유하는 것이다.

이 내용을 실감한 강의가 있었다. '2023년 중간관리자를 위한 리더십 강의'를 여섯 시간 진행했다. 팔로워십을 중심으로 해달라는 구체적인 요구가 있었다. 강의 전 홈페이지를 통해 기업 탐방을 한다. 업종을 파악하고, 연혁과 핵심 가치 등을 자세하게 살핀다. 김규인 회장님의 가르침대로 대상자의 삶을 살아보기로 했다. '경쟁률이 높은 회사에 입사하고 승진하기까지, 얼마나 많은 노력을 했을까?' 축하와 응원의 박수를 보낸다.

문득, '나의 리더십은…'이라는 고민을 했다. 2023년 〈국민강사교육협회〉에서 한 번만 받을 수 있는 스타 강사상을 받았다. 열심히 참여하고 배웠다. 김규인 회장님을 신뢰하고, 동료 강사를 응원하며 함께 걸어왔다. 거리가 멀어도, 강의 내용이 어려워도 도전하며 묵묵히 해냈다. 강의에 대한 열정과 진정성을 인정받아 전임교수가 되었다. 기쁨도 잠시, 책임감이 느껴졌다. 지금까지는 나만 열심히 하면 됐다. 이제는 협회의 성장과 발전을 위해 나의 역할을 고민하게 된다. 교육 대상자 또한 부서의 화합과 기업의 성장 발전에 기여해야 한다는 책임감을 느끼고 있을 것이다. 중간관리자인 교육 대상자의 마음이 읽혔다. 비슷한 경험을 공유할 때, 강사의 말에 관심이 끌리고 적극적으로 경청할 수 있다. 공감을 끌어낸 리더십 교육이 성공적으로 마무리됐다.

"네 시간요?" 깜짝 놀라 되물었다. 네 시간은 못 하겠다고 대답했다. 김규인 회장님이 스트레스 관리 네 시간 강의를 제안했다. 무슨 강의든지 "네, 알겠습니다." 하고 다녀왔지만, 네 시간 강의는 자신이 없다. 그런데, 막상 전화를 끊고 나니 '도전해 볼 걸 그랬나.' 후회가 되고 마음이 불편했다. 그리고 한 달 뒤, 스트레스 관리를 포함해 세 시간 강의를 의뢰받았다. 망설여졌지만 또 후회하기 싫었다. 용기를 내 도전했다.

긴장되는 마음으로 출발했다. 충청도에 가까워질수록 눈 덮인 풍경이 펼쳐졌다. 덕평휴게소에 들렀다. 따뜻한 아메리카노 한잔을 마시며, 눈구경을 했다. 대구에 내리지 않은 첫눈을 만지며, 긴장감을 다스렸다. '내가 잘해낼 수 있을까? 교육생이 내 강의에 집중할까?' 자꾸 불안해지는 마음을 다스리며 Y상수도 사업본부를 향해 달렸다. 먼 길을 달려오는 강사를 위해 담당자에게서 전화가 왔다. 출입구가 두 곳인데 빠르게 진입할 수 있는 방향과 출입구로 들어와서 B열에 주차하라는 안내를 해주었다. 마중 나와 심폐소생술용 마네킹 애니 여섯 개를 번쩍 들고 강의장으로 이동했다. 이곳이 세 시간 동안 강의할 무대이구나 생각하며 주변을 둘러보았다. 여러 지역에서 온 사람들이 인사를 나누며 다정한 농담을 주고받고 있었다. 그 중 한 분이 강사가 대구에서 온 것을 알고 반갑게 인사해주었다. 간단히 대구 소식을 나누며 마음이 조금 더 편안해졌다.

교육 담당자가 간식용 샌드위치와 커피를 건네준다. 세심한 배려가 따뜻하게 느껴졌다. 강의를 시작했다. 대상자들의 모습이 점점 또렷이 보인다. 고개를 끄덕인다. 집중하고 있다. '내가 잘하고 있구나.' 안심이 된다. 웃음에 대하여 설명을 하고, 무대에서 내려가 교육 대상자에게 갔다. "콰아~, 콰아~" 얼굴이 찢어질 정도로 크게 웃는 웃음인 파안대소를 했다. 순간, 대상자들이 놀란 모습을 감추지 못한다. 강사가 온몸으로 보여주는 웃음에 대상자들도 동참한다. 서로 마주 보며 일그러진 상대방의 얼굴을 보며 웃음이 끝나지 않는다. 한바탕 신나게 웃었다. 계획하지 않은 상황이었다. 웃음 하나로 대상자에게 성큼 다가서는 순간이었다. 이렇게 진행하면 되는 거구나, 이것이 소통이다. 세 시간 강의라는 부담이 사라졌다.

강의에 대한 부담감 때문에 기회를 놓치지 않으려고 한다. 강의 현장에서 강의가 계획대로 진행되지 않을 수도 있고, 의외의 상황에서 성과를 얻을 수도 있다. 중심 내용을 벗어나지 않고, 대상자를 존중하는 마음이 있으면 된다. 이제는 두려워하지 않는다. 용기 내어 도전하고 있다.

역지사지(易地思之)의 사전적 의미는 다른 사람의 처지에서 생각한다는 뜻이다. 단순히 지식을 전달하는 수준을 넘어서는 것이다. 청중이 무엇에 관심이 있고 무엇을 좋아하는지, 그 사람들이 되어보는 일이 강의에서 가장 중요하다고 믿는다. 청중이 관심을 가지고, 공감하고 소통할 때 강의에 대한 만족도를 높일 수 있다.

08

소통과 공감을 이끄는
길잡이

(심규나)

수년 동안 강의를 진행하면서 다져온 학습자들의 소통과 공감을 이끌어내는 강의 노하우에 대해서 나름대로 정리한 네 가지 방법을 소개하려고 한다.

첫째, 강의 대상자의 특성을 파악하라.

나는 평소 유머러스한 사람은 아니지만 강의할 때만큼은 강의가 지루하지 않게 하려고 노력한다. S고등학교에 갔을 때의 일이다. 내 강의에 앞서 학습자들은 예체능 시간으로 축구를 하고 들어왔다. 신체적으로 지쳐 있는 상태다 보니 강의 중간쯤부터 한두 명씩 졸기 시작했다. 이때, 나는 "쿵쿵 따리 쿵쿵 따 축구!"라고 외쳤다. 그때, 졸고 있던 학생 하나가 벌떡 일어나더니, "쿵쿵 따리 쿵쿵 따! 골인!"을 외쳤다. 순간 반에 있던 학생들이 박장대소하면서 졸던 학습자들도 일어나 강의에 참여했다.

경로당 어르신들을 대상으로 강의할 때는 몸을 이용하는 것이 가장 효과적이다. 율동, 손유희, 체조 등을 함께 하면서 강사가 일부러 살짝 틀린다. 학습자들은 강사가 틀렸다는 것을 눈치 채면 당신도 틀려도 된다는, 안도감과 함께 편안한 분위기가 형성된다. 그리고 강사에게 조금씩 더 친근감을 표현하시고 웃어 주신다.

중고등학교에서는 학습자들이 평소에 사용하는 줄임말과 같은 최신 유행어를 사용하면 효과가 좋다. 조금 유행이 지난 것이어도 재미있다는 듯 반응해준다. 자신들이 쓰거나 썼던 단어들을 사용하면 훨씬 재미있어하고 강사에게 관심을 가지기 시작한다. 강의에 대한 집중도가 흐트러진다고 느껴질 땐 빠르게 분위기를 읽고 유행어나, 짧은 유머 한두 마디에 금세 분위기가 환기된다.

둘째, 관심을 유도하라.

성교육은 대부분 흥미 있어 하지만 4대 폭력 예방 교육을 들어가면, 학습자 일부는 암묵적으로 불편을 드러낸다. 물론, 적극적으로 교육에 임하는 학습자들도 많다.

우선, 교실에 들어갔을 때 학습자들이 산만하고 어수선한 분위기이거나 강의를 시작도 하지 않았는데 엎드려서 잠을 자는 학습자가 서너 명이상 있을 때가 있다. 항상 가방에 넣고 다니는 교육과 관련된 단어 카드를 활용하여 스피드 퀴즈 방법으로 관심을 유도한다. 단어 카드를 꺼내 관심을 유도하고 학습자들의 자발적인 지원을 받는다. 그들 중 한 명이 나와서 주어진 단어를 말로 설명하고, 다른 학습자들이 유추하여 그 단어를 맞히는 거다. 집중력과 참여율이 높고 학습자들의 반응도 매우 긍정적이다. 재미도 있다. 그러나 반드시 재미로 끝나게 해서는 안 된다. 학습자들이 단어의 뜻을 잘못 알고 있거나, 장난처럼 여기는 분위기라고 판단되면, 중간중간 관련 지식을 바르게 설명해 준다. 결과적으로 강의에 대한 호기심과 집중력을 끌어오는 효과를 톡톡히 볼 수 있다.

셋째, 시청각 자료를 활용하라.

백문이 불여일견! 백 번 말해도 지나치지 않는 말이다. 글로만 이루어진 프리젠테이션 한 장의 이해 속도가 약 30초 정도 걸린다면, 이미지를 첨부한 프리젠테이션 한 장의 인식 속도는 5초 정도로 단축된다고 한다.

실제로 강의하면서 글이 많은 교육 자료는 학습자들이 금방 지루해했다. 그림이나, 사진, 영상을 보여줬을 때 학습자들의 집중도는 월등히 높았다. 그러나 그림이나 사진, 영상을 교육 자료에 사용할 때 주제와 맞아야 한다. 한눈에 봐도 무엇을 말하고자 하는지 알 수 있는 시청각 자료를 위해서는 몇 시간씩 혹은 며칠에 걸쳐 고민하기도 한다. 특히 학습자들의 연령대별, 사회적 지위 등에 맞게 최근 해당 이슈에 대한 여러 가지 시청각 자료를 지속적으로 찾아보고 업데이트해두면 더 좋다. 또한, 학습자들의 예상 질문에 대비하여 보충 자료로 한두 개 정도 더 준비해두면 금상첨화다.

마지막, 강의에 대한 주제와 목표를 명확히 하라.

같은 것을 보더라도 사람마다 다양한 환경과 관점을 가지고 있다. 학습자들이 한자리에서 강의를 듣더라도 개개인에 따라 다양한 해석이 나올 수 있다.

K 중학교에서 성폭력 예방 교육을 진행할 때의 일이다. 3층에 있는 2학년 교실에 들어갔다. 반에는 남학생 20명 정도가 앉아 있었다. 서로 인사를 나누고 강의는 진행했다. 강의 중간쯤 되었을 때 뒷줄에 앉은 한 학생이 손을 들고 질문했다. 남자들만 잠재적 가해자 취급하시는 거 같아서 듣기에 불편하다고 했다. 수업 후 나는 곰곰이 수업 과정을 되뇌었다. 적절한 예시와 부가 설명이 부족했었다. 그 학생의 질문에 답해 주지 못하고 어영부영 넘어간 것에 대해 부끄러웠고, 후회가 밀려왔다.

그날 이후로 강사 혼자 이야기하는 것이 아니라 교육 주제와 목표에 맞는 예시와 질문을 준비했고, 상호 간 소통을 하는 강의법으로 바꿨다. 학습자들과 질의 시간을 가지니, 강의를 통해 전달하고자 하는 의미가 오해 없이 잘 전달되었는지도 확인할 수 있었다. 강의를 듣는 학습자 모두를 만족시킬 수는 없지만, 최소한 오해를 불러오는 강의를 하지 않으려고 노력했다. 그 결과 많은 학습자로부터 이해가 잘된다는 피드백을 받게 되었다.

이 모든 것에는 기본적인 공통점이 있다. 바로 대상자의 특성을 파악하고 이해하며, 대상에 따라 맞춤 교육을 하는 것이다. 강사의 역할은 올바른 말을 단순히 떠드는 직업이 아니라, 스스로 올바른 선택을 하도록 이끄는 길잡이 역할이라고 생각한다. 강사와 학습자는 소통과 공감으로 문제를 볼 수 있고, 해결 할 수 있는 방법을 찾을 수 있으며, 상호 존중하는 관계를 만들어준다.

"교육은 자유를 향한 열쇠를 제공합니다. 그것은 영혼의 감옥 문을 엽니다." 이 명언은 넬슨 만델라의 말이다. 강사는 열쇠를 제공할 수 있는 사람이다. 그 열쇠의 모양은 듣는 사람이 사용할 수 있게 바꿔서 전달해야 한다. 나는 많은 사람이 서로를 이해하고 배려하여 안전한 자유를 누리길 소망한다.

09

자기완성의
시간

(이현주)

TV에서는 코로나19에 대한 보도가 나오고 있다. 무서움과 두려움으로 사람들이 사회적 거리 두기를 한다. 새로운 유형의 감염증이라 감염이 되면 백신과 치료제가 없다고 한다. 사람들은 언론 보도에 귀를 기울일 수밖에 없다. 비말을 통해 전파되며, 사람 간의 접촉, 호흡기 분비물, 물품 등으로 전파된다. 이러한 보도는 강사인 나로서는 사람들을 만나지 못한다는 메시지이다. 나뿐만 아니라 다른 강사들도 낙담을 하며 지냈다. 그런데 이게 웬일인가? 이런 부정적 생각이 긍정적 생각으로 변화될 수 있는 기회가 되었다.

사람들은 소통을 하며 관계 형성을 해야 한다. 대면 소통이 이루어지지 않으면 비대면 소통으로도 충분히 관계 형성을 할 수 있다는 것이다. 그렇게 시작된 비대면 수업은 노트북, PC의 기능을 알게 하였다. 소통 메신저인 줌과 구글 미트, 웹비너, 리모트미팅 등 화상회의를 통해 전 세계 유명인과 화상 만남도 이어지게 한다. "어찌 놀랄 일이 아닌가?" 매일 새로운 일들에 대한 놀라움과 기대에 가득 차 있는 나였다. 낙담에서 낙관으로 변화하는 시기가 바로 코로나19의 팬데믹 시대이다.

현대 사회는 변화하고 있고, 그 변화에 맞추어 내가 성장해야 하는 것을 알게 된 것이다. 물론, 새로운 기능을 알아가고 실행을 해야 한다는 사실은 어려운 일이다. 밤을 새우며 똑같은 일을 반복한다. 노트북과 듀얼 모니터, PC를 연결하여 OBS 프로그램을 작동해 보고 다시 해보고 소리 송출과 기능에 대해 실패와 성공을 반복한다. 지금 생각하면 피곤한 일이다.

의사소통은 토론과 활동, 발표 의사소통으로 나뉜다. PC 기능과 화상회의 기능을 알게 되었다면, 이것이 가장 중요한 일이다. 비대면으로 진행하는 강의에서 청중을 어떻게 집중과 몰입을 하게 하는지가 나의 과제이다. 비대면 강의를 진행하는 첫 대상은 장병들이었다. 장병들은 의사소통을 하는 데 있어 어려운 대상이다. 흥미와 관심도 있어야 하고, 세대를 좁히는 정보도 중요한 요인으로 작용한다.

강의 연구를 하면서 나만의 특유 긍정 에너지와 강한 스피치로 강의를 진행하였다. 쉽지만은 않다. 하루 만에 끝나는 강의가 아니라 똑같은 대상 장병들을 3일 동안 강의해야 하고, 오전 9시부터 오후 4~5시까지 진행을 해야 한다. 누구나 지칠 수 있는 상황들이다.

첫 강의는 큰 부대 장병들과 소통을 해야 한다. 100명이 넘는 장병들이 강당에 모여 스크린에 보이는 나의 모습과 강의 자료에 집중해야 한다. 강의는 첫 마음 열기에서 집중과 몰입이 된다. "20대 초반인 제2의 청소년기인 장병들의 관심이 무엇일까?" TV에서 나오는 〈쇼미 더 머니〉와 〈스트리트 우먼 파이터〉를 보면서 무릎을 친다. 나도 관심 분야이다. 요즘 이슈인 래퍼와 댄서들을 나열하며, 이야기를 해 나갔다. 화면에 비치는 장병들의 눈과 귀는 나를 향해 집중과 몰입을 하고 있었다. 그 모습을 보면서 진로와도 자연스럽게 연결시키고 랩과 댄스에 관심 있는 장병들을 자연스럽게 무대 밖으로 나오게 한다.

간부도 비대면 교육이라 하더라도 대면 교육처럼 장병들이 무대로 나오는 모습을 보고 흡족해한다.

어떤 대상들과도 첫 강의를 진행할 때 중요하게 생각하는 일이 있다. 긍정적인 분위기를 조성하는 일이 중요하다. 오늘 강의를 하고 있는 나와 수업에 대해 긍정적인 인식을 가지도록 하려면 인사를 하기 전에 이름을 먼저 외워둔다. 간부에게 오늘 참여하는 장병들의 명단을 받아서 미리 써놓고 화면상으로 어떤 특징을 가지고 있는지 확인을 해 둔다. 질문을 하고 난 후 반응은 싸늘한 적막이 흐를 정도로 조용하다. 그러한 경험을 하고 난 후에는 나만의 강의 노하우로 이야기를 건넨다. "뒤에 앉아 있는 ○○ 장병님 저에게 주파수 보내주시네요. 맞습니다. 답변 감사드립니다. 강한 베네핏 갑니다." 이러한 소통 방식으로 하게 되면, 장병들은 어떻게 이름을 알았는지 궁금하면서, 강사의 존재에 대해 인지하게 된다.

장병들이 모두 똑같은 옷을 입고 앉아 있어도 화면으로 보이는 특징은 모두 다르다. 머리 스타일, 위에 입은 군복 색깔, 모자를 쓰고 안 쓰고의 차이, 그리고 어느 위치에 앉아서 강의를 듣는지 꼼꼼하게 메모를 해두고 발표한 내용도 적어둔다.

다음 날 강의가 시작되기 전 강사가 이름을 아는지 궁금해하는 장병들도 있다. 전날 강의에 적어둔 메모장이 있어서 기억할 수 있다. 관계 형성에 있어서 소통을 한다는 것은 상호작용이 이루어져야 한다. 상호작용을 하는 데 가장 중요한 것은 나의 이름이다. 어떻게 불리는지, 누가 내 이름을 알고 있는지에 대해 민감하기도 하다. 이름을 불러주면, 강사가 나에게 관심이 있다는 생각으로 비추어지고, 비대면 소통이더라도 가까이 다가오게 된다. 이름은 자존감과도 연결고리가 된다. 강의할 때 가장 중요하게 생각한다. 삼 일 동안 강의하다 보면 화면으로 비추어지더라도 어느 정도 익숙함으로 다가온다.

종일 하는 수업은 강의 연구를 많이 해야 한다. 집중과 경청을 끌어내기 위해 나만의 자존감을 세워주는 이름 부르기 외에도 적극적으로 참여할 수 있도록 유도해야 한다. 다양한 프로그램으로 쌍방향 상호작용의 의사소통은 재미와 흥미, 감동을 더해야 한다. 강사는 알고 있다. 강의를 진행할 때 이론 설명과, 집단 활동 그리고 발표로 유도하여 메시지 전달로 공감대를 형성하는 진행이다. 강사가 임의대로 이름 부르기도 한계는 있다.

가장 활발한 청강자를 선택하여 발표와 활동을 유도하고, 릴레이 수업 진행으로 화면 밖에 있는 청강자들끼리 이름을 불러주며 발표를 하게 하는 방법이다. 효과는 긍정적인 수용이다. 평상시 군 생활을 하면서 관심 있고, 알고 싶은 사람에게 마이크가 건네진다. 그리고 관심 있는 사람들을 알아가는 시간이다. 강사는 교육 내용만 전달하는 것이 아니라, 심리적인 면도 헤아릴 수 있어야 한다. 쉬는 시간은 트렌디한 영상으로 흥미와 관심을 전달한다. 나만의 유쾌하고 생동감 있는 강의 스타일로 분위기를 UP! 시키고 질문을 던지면 집중력을 유지하면서 강의 내용을 받아들이기 시작한다.

강의 내용마다 전달되는 메시지는 있다. 그러한 메시지를 인트로에서 언급을 하고 마지막에서도 기억할 수 있게 전달한다.

대상자에 따라 강의 전달은 분명히 다르다. 유·아동은 리드미컬한 리듬으로 노래를 부르며 강의 내용을 전달한다. 초등학교나 중학교, 고등학교 강의는 주제에 따라 이야기하듯이 진행을 한다. 학생들이 퀴즈를 풀어가면서 직접 수업에 참여하는 기회를 제공한다. 모두 공통된 사항들은 목소리가 대면 강의 때보다는 정확하게 발음하고 정확한 단어로 전달한다. 목소리와 표정도 신뢰를 높일 수 있도록 이미지 메이킹을 한다. 지금 강의 집중과 경청을 끌어내는 노하우의 이야기는 비대면 수업일 경우의 이야기이다. 칭찬보다는 격려와 독려를 통해 강의를 진행한다.

비대면 수업은 코로나19로 인해 활성화되면서, 이동하는 불편함을 덜고 누구나 참여할 수 있다는 강점이 있어 강의 집중과 몰입에 대한 연구만 이루어진다면, 충분히 대면 수업의 강점도 활용할 수 있다.

교육 전달뿐만 아니라 상담도 코로나19 때 비대면으로 진행한다. 교육과 상담은 크게 다르지 않다. 사람의 마음을 알아가고 이해를 하는 것이다. 나를 알아봐 주는 누군가가 존재한다는 강의 소통은 큰 효과이다.

현대 사회에서의 소통은 경청과 관심이다. 강사도 상대방의 이야기나 의견을 경청하고 이해하며, 공감하는 태도를 보여주면 충분히 가능한 일이다. 상대방과 좀 더 가까워지고 상호 간의 신뢰를 형성할 수 있다. 나에게 코로나19는 좌절이 아니라 성장하는 기회였다. 대면 소통과 비대면 소통을 동시에 익히면서 관점이 넓어졌다. 강사로서 감동을 주고, 메시지를 정확하게 전달하는 일은 긍정적 반응을 유도하는 데 필요하다. 나의 강의 기본 원칙은 청중에 대한 관심이다.

10

강의는
소통이다!

(정영혜)

"오늘 강의 마무리하겠습니다. 저와 약속한 실천사항 세 가지 기억하시죠? 네, 맞습니다. 모두 잘 기억하시네요. 훌륭하십니다. 두 시간 동안 반짝이는 눈으로 저를 보면서 집중하고 경청해 주셔서 감사합니다. 수고 많으셨습니다. 여러분의 행복한 삶을 응원합니다."

N시 노인복지관 시니어 소통 교육을 마치고 교육 대상자들이 강의장을 나갈 때까지 마무리 음악을 틀어놓는다. 자리에서 일어나 나가면서 강사를 보고 인사하는 분들에게 감사한 마음을 담아 목례한다. 엄지척하면서 미소로 눈을 마주친 후에 나가는 분도 있고, 강단 앞으로 나오는 분

도 있다.

 교육 담당자의 따듯한 말에 새벽 4시에 집에서 출발할 때의 피곤함과 오늘 강의에 대한 걱정이 사라졌다. 강의를 듣고 나가는 분들이 보내주는 따뜻한 눈길에 강사 되기 참 잘했다는 생각이 들었다. 집으로 돌아오는 네 시간이 넘는 거리가 조금도 멀게 느껴지지 않는다. 피곤함보다 보람이 더 크기에 콧노래를 부르며 운전한다. 캄캄한 새벽에는 보이지 않던 국도와 고속도로의 풍경들이 눈에 들어온다. 산에 나무가 이렇게 많았나. 눈부신 초록빛을 보니 완연한 봄이 왔나 보다.

 오전, 오후 두 시간씩 똑같은 교육 내용으로 교육 대상자만 다르게 강의했다. 강의를 마치고 돌아오는 길이 신나는 이유는 어르신들이 강사의 말을 잘 경청하고 소통이 잘되었기 때문이다. 오늘처럼 집중과 경청을 끌어내는 강의를 하려면 어떻게 해야 하는지 그 방법을 정리해본다.

 첫째, 한 분 한 분 모든 분과의 눈 맞춤이다. 강의 시작 전에 가장 먼저 강의장에 도착한 분에게 인사를 한다. 아침 식사는 하셨는지, 언제 출발하셨는지 여쭈어본다. 눈이 마주치는 모든 분께 가벼운 눈인사를 하고, 강의 중에는 교육 대상자의 눈을 보고 강의하고 질문도 한다. 혹, 멍하니 딴생각을 하는 분이 있으면 강의 중에 옆으로 살며시 가서, 눈인사하고 강의 내용 중에 쉬운 질문을 하여 집중을 유도한다. 강사가 옆에 와서 관심을 보이니 강의를 마칠 때까지 집중을 잘한다. 모든 교육 대상자가 강사로부터 인정받고 존경받고 있음을 눈빛으로 전달한다. 교육생들이 강사를 바라보고 집중하면 강사는 더욱 에너지 넘치고 목소리도 힘차고 강의도 술술 잘 진행된다.

둘째, 언어 전달력이다. 말끝을 흐리거나 얼버무리지 않고 정확하게 발음한다. 중요한 내용일수록 천천히 또박또박 목소리를 높였다가 낮추었다가 내용의 의미를 전달하면 쉽게 이해하고 집중도 잘한다. 처음부터 끝까지 솔 톤으로 강의한다면 듣는 사람은 집중하기보다 귀가 아프고 피곤할 수 있다. 반대로 두 시간 동안 조용하고 차분한 목소리로 잔잔하게 강의한다면 꾸벅꾸벅 조는 분이 많다. 강사가 입속에서 웅얼웅얼 말하면 무슨 내용인지 알아들을 수 없다. 결국 교육 대상자는 집중하지 않고 다른 행동을 하게 되고 교육 담당자의 피드백 또한 좋지 않다.

셋째, 사례를 들어 설명한다. 강사가 직접 경험했거나 다른 분의 경험을 예를 들어 이야기하듯이 설명하면, 고개를 끄덕이며 어려운 교육 내용도 쉽게 공감하고 이해한다.

넷째, 동영상을 활용한다. 교육 주제와 맞는 영상을 준비해서 강의 중간에 보면, 교육 내용에 대한 이해가 잘되고 배경음악이나 영상을 통해 감동을 더욱 크게 느낀다. 강사가 말로 전하는 것보다 훨씬 집중력이 높다.

다섯째, 강의 마무리이다. 강의 중에 웃고, 때로는 울기도 하다 보면 교육 주제를 잊어버릴 때도 있다. 오늘 함께 나눈 주제에 대하여 세 가지 정도로 요약해서 다시 정리한다. 한 시간 또는 두 시간 동안 무엇에 대하여 이야기 나누었고, 무엇이 오늘의 교육 목표였는지 함께 이야기 나눈다. 강의를 듣고 함께 실천할 점들은 무엇인지 묻고 답하면서 강의를 마무리한다.

모든 강의에서 이렇게 다섯 가지 방법을 적용하기 위해 늘 노력하고 있다. 그런데 집중과 경청을 끌어내는 방법 중 동영상이 열리지 않아서 난감했던 강의가 있었다. 〈국민강사교육협회〉 강사 자격으로 처음 대면 강의를 하러 갔을 때이다. 장소는 포항시 청소년수련관 대강당. 장애인 활동보조사 대상 '장애 인식 개선 교육'이었다. 첫 강의라 강의 의뢰 후 계속 긴장의 연속이었다. 걱정되는 마음에 강의 1시간 전에 도착한 수련관은 건물 뒤편 초록 나무들 덕분에 주차장에 퍼지는 나무 향기가 기분 좋았다. 30분쯤 지나자 시설 관계자가 출근하여 문을 열어주었다. 교육 장소 1층 강당은 300석 정도로 무척 넓고 컸다. 강단과 마주 보는 2층 방송실에서 영상과 음향을 조정하는 시스템이었다. 며칠 전 교육 담당자에게 미리 보낸 자료로 음향을 점검했다고 하는데, 영상이 재생되지 않았다. USB도 노트북도 마찬가지였다.

외부 첫 강의라 긴장하는 나를 위해 남편이 직장에 하루 연차를 내고 함께 갔는데 어떤 방법을 다 해보아도 영상에서 빔으로 소리가 전달되지 않았다. 교육장 담당자가 바뀐 지, 며칠 되지 않아 해결책을 모른다고 했다. '어떻게 이런 일이?' 첫 출강, 첫 대면 강의인데 얼마나 당황스럽던지 강의 시작 전에 도망가고 싶었다. 남편과 교육 담당자, 시설 담당자 모두 애써보았지만, 영상이 제대로 되지 않았다.

교육생들은 한 명 두 명 들어오고 강의 시간이 되었다. 태연하게 강의를 시작했다. 어디서 그런 배짱이 나왔는지 소리 없는 영상을 보면서 이야기하듯이 설명했다. 감사하게도 모두 귀를 쫑긋 세우고 강사를 바라보며 경청했다. 무사히 두 시간 강의를 잘 마칠 수 있었다. 대상자만 다르고 똑같은 내용을 강의하는 오후 시간에는 영상을 보고 설명하지 않고, 노트북 스피커에 직접 마이크를 대고 영상 소리를 들려주었다. 물론 그 역할은 무대 옆 보이지 않는 곳에서, 남편이 도와주었다. 남편이 함께 오지 않았더라면 이런 대책을 세우기가 힘들었을 것이다.

첫 강의 응원하러 함께 온 남편이 힘든 상황을 도와주어서 큰 힘이 되었다. 첫 강의를 함께 다녀온 남편은 아내가 하고자 하는 강사의 길이 생각처럼 쉽지 않다는 걸 알게 되었다고 한다. 그날 이후 방송 시스템이 문제가 있어도 노트북과 연결해서 쓸 수 있는 마이크까지 있는 이동식 음향기기를 사 주었다. 이젠 어떤 교육 환경에서도 끄떡없이 강의할 수 있다. 강의 준비, 음향 준비까지 다 되었다. 집중과 경청을 끌어내는 비결 다섯 가지 외에 한 가지가 더 있다.

마지막으로, 메시지이다. 어떤 주제의 강의든지 강사의 경험에서 우러나오는 진실성 있는 메시지가 있어야 교육 대상자들에게 감동을 준다.

그 감동은 행동의 변화를 가져온다. 그 경험은 무엇을 어디서 얼마나 배웠는가 하는 학력이나 전문지식이 아니다. 강사의 삶에서 만들어지고 그 사람에게서 우러나오는 인성이 메시지가 된다. 처음에는 열심히 강의 듣고 강사 자격증만 따면 강사가 되는 줄 알았다. 하지만 강의하면 할수록 자격증의 개수보다 강사의 경험치가 중요하다는 걸 알았다. 경험은 메시지가 되어 교육 대상자들에게 감동을 준다. 삶에서 우러나오는 경험은 돈을 주고도 살 수가 없다. 2,000번 강의한 김규인 협회장님과 강사 경력이 일 년도 안 된 나의 강의력은 엄청난 차이가 난다. 나의 강의는 이제 금방 알에서 깨어난 병아리 같은 수준이다. 반면 많은 강의에서 터득한 회장님의 강의 노하우는 무궁무진하다. 그 노하우는 재교육 시간에 배울 수 있다. 그래서 재교육에 참여하지 않은 날은 하루도 없다. 회장님의 농담 속에서도 강의 비법이 숨어 있기 때문이다.

강사는 교육 대상자가 얼마나 집중하고 경청하는가가 가장 큰 고민이다. 집중과 경청만 잘되면 그날 강의는 대성공이다. 강사의 말에 귀 기울이고 리액션하는 교육 대상자는 강사에게 가장 고마운 분이다. "남의 말을 잘 듣는 사람은 어디서나 사랑받을 뿐 아니라 시간이 흐르면 지식을 얻게 된다."라고 한다.

당일 강의가 교육 대상자들에게 깨달음이 되고 지식이 되어 그분들의 삶에 1%의 성장을 가져온다면 강사는 100% 역할을 다한 것이다. 다음 주

예정된 교육에서 집중과 경청을 끌어내려면 어떻게 강의해야 할지 고민하면서 오늘도 강의안을 준비한다. 창문 너머 캄캄한 뒷산이 흑백으로 형태를 드러내고 있다. 어느새 아침이 밝아오고 있나 보다. 창밖에 새벽을 알리는 새소리가 더욱 청명하게 들린다.

3장

내가
만난 사람들

The heyday of the instructor

진심이 통해
마음을 얻은 사람들

(권은예)

우연의 일치일까! 나의 첫 강의 대상자는 유치원생이다. 그것도 5~7세 일곱 명인 G 초등학교 산대 분교 병설유치원이다. 아이들을 무척이나 좋아했다. 나는 6남매 중 막내다. 동네에 아기들이 왔다고 하면 그 집에 가서 살았다. 내가 살던 고향은 일가친척이 모여 사는 혈연공동체로 같은 성을 가졌다. 열여섯 명의 동갑 친구들이 있었다. 다른 친구들은 모두 동생이 있고 나만 없다. 엄마, 아버지께 동생 하나 만들어 오라고 생떼를 부렸다. 지금 생각하면 참 철없는 시절이다. 결혼해서 네 명을 낳았다. 여전히 아이들만 보면 예쁘다.

〈평택시사회복지협의회〉 담당자의 실수로 수업 나가는 학교 주소를 잘못 전달받았다. 내 생애 그런 길은 처음이었다. 늦게 도착하면 큰일 난다는 생각만으로 내비게이션이 알려주는 대로 갔다. 논두렁 밭두렁 길도 없는 곳으로 안내했다. 그렇게 나의 첫 강의는 시작되었다. 땀범벅이 된 모습으로 교실로 들어갔다. 유치원 담임 선생님이 "찾아오시느라 힘드셨죠? 물 마시고 천천히 하셔도 돼요."라고 웃으시며 시원한 물 한잔을 건네주셨다. 긴장돼서 실수라도 하게 될까 봐 걱정됐다. 연령대도 다양한 아이들에게 어떤 식으로 사회복지 교육을 할까! 고민이 이만저만이 아니었다. 걱정도 잠시! 아이들의 초롱초롱한 눈망울을 보니 엄마 미소가 절로 지어졌다. 이야기가 술술 나왔다. 아이들은 내 눈과 입모양, 손을 주시한다. 동화 이야기에 빨려 들어온다. 연령대도 다른 아이들에게 어떻게 다가갈까 걱정했던 나의 첫 강의! 우여곡절도 많았던 첫 수업은 성공적이었다.

이후에도 수업이 시작될 때마다 담임 선생님이 아이스 아메리카노를 준비해 건네주셨다. 첫 수확해서 삶은 감자도 받았다. 수업을 마치고 주차장 쪽으로 갔다. 텃밭에서 농작물을 수확하시던 교장 선생님이 불렀다. "강사님, 양배추 먹어요? 좀 드릴까요?" 싱싱해 보이는 양배추를 보여주셨다. "우와, 감사합니다. 감사히 잘 먹을게요."라고 말하며 양배추를 받았다. 먹음직스러운 게 묵직했다. 인심 좋은 분들! 나눔을 몸소 실천하는 고마운 분들! 이렇게 첫 인연이 시작되었다.

C 어린이집. 이름만 들으면 좋다. 그런데 가슴앓이를 제일 많이 한 곳이다. 〈평택시사회복지협의회〉 사회복지 수업은 8회기로 진행된다. 한 기관에 여덟 번을 들어간다. 두 개의 반을 맡아 수업을 들어갔다. 여섯 살 반과 일곱 살 반. 첫 수업 날은 인사를 하기 위해 십 분 정도 일찍 간다. 원장님과 인사를 나누고 협조사항 부분도 의논한다. 벨을 누르자 원장님이 나오셨다. 반갑게 맞아주셨다. 커피를 타 주셨다. 다른 곳에 들러 수업을 하고 온 터라 목이 말랐다. 맛있게 마셨다. 수업 순서는 7세반을 먼저 하고 6세반을 진행하기로 했다. 3층에 있는 7세반은 분위기가 좋았다. 담임 선생님도 차분하셨다. 수업에 적극적으로 협조해 주셨다. 수업을 마무리하고 2층에 있는 6세반으로 들어갔다. 담임 선생님 얼굴이 싸늘했다. 인사를 해도 받지 않았다. 수업하기 위해서 책상과 의자도 필요했다. 도움을 요청했다. 들은 체도 하지 않았다. 태연하게 웃으면서 아이들과 수업을 진행했다. 아이들은 대답을 잘했다. 군대 같은 느낌이다. 아이들이 나와 수업할 때는 웃었다. 담임 선생님과 눈 마주치면 얼음이 되었다. 담임 선생님은 수업에 관심도 없다. 뭐가 그리 기분이 나쁜지 입이 댓 발 나와 있다. 혼자 식판에다 밥이며 반찬을 담고만 있다. 수업도 안 끝났는데 '이 분위기 뭐지?'라고 생각하면서 1회기 수업을 마무리했다. 1층에 계신 원장님과 만났다. "원장님! 수업 끝났습니다. 가 보겠습니다." 인사를 했다. "네, 강사님! 고맙습니다. 고생 많으셨습니다. 조심히 가세요."라고 친절하게 말씀한다.

세 번째 수업을 들어갔다. 여전히 수업 준비를 안 해놨다. "여기 어떻게 오셨어요? 안 오면 안 돼요? 그냥 가세요." 부글부글 끓어올랐지만 꾹 참아냈다. 태연하게 웃으며 말했다. "선생님! 책상 제가 옮길게요. 의자에 걸려 있는 가방들은 어떻게 할까요?" 물었다. "건드리는 거 싫어요. 여기 있는 거 다 만지는 거 싫어요. 그냥 안 하면 안 돼요?"라고 했다. 정말 어처구니없었다. 귀빈 대접은 바라지도 않았다. 정말 상식에서 벗어나고 심하다는 생각을 했다. 정말이지 수업이고 뭐고 안 하고 나가고 싶었다. 하지만 담임 선생님과는 별개다. 난 아이들에게 사회복지 교육을 하러 간 강사다. 참아내며 끝까지 최선을 다해 수업을 진행했다. 수업을 마치고 협의회 강사님께 전화를 했다. 동료 강사님은 노발대발했다. 결국 협의회 담당자 귀에도 들어갔다. "선생님! 그런 곳은 수업을 안 들어가도 돼요."라고 했다. 그럴 수는 없었다. 이런 말도 안 되는 일로 중도에 그만둘 수는 없었다. 아이들만 생각하기로 했다. 인정 없고 상식을 벗어난 선생님과 함께 생활하는 아이들이 안타까웠다. 오기가 생겼다. 그렇게 몇 회기가 진행될 때까지 원장님께는 위층에서 일어난 일에 대해서 입도 뻥긋 안 했다. 외부 강사를 보따리 장사 대하듯 하는 6세 반 담임 선생님의 만행은 말로 표현하기도 힘들다. 선생님을 변화시켜야겠다는 마음으로 방법을 바꿨다.

다른 날보다 더 밝은 목소리로 "안녕하세요? 선생님! 한 주 동안 잘 지내셨어요?" 웃음기라고 전혀 없던 선생님이 살짝 미소를 지었다. "선생님! 웃는 모습이 정말 예뻐요."라고 말했다. 쑥스러워하며 더 활짝 웃는다. 내 진심이 통한 걸까? 기적이 일어났다. 외부 강사인 나에게 왜 쌀쌀맞았는지 실타래를 풀었다. 원장님이 원감인 6세 반 담임 선생님에게 이 수업에 대해 말을 안 했던 것이었다. 전달을 못 받았다고 분풀이를 나에게 했던 것이었다. 만약 원장님께 담임 선생님이 하는 행동에 대해 고자질했더라면 큰일이 날 뻔했다. 둘 사이의 냉전으로 수모를 겪은 사건이다. 말 안 하고 참길 잘했다. 아픔이 있었지만 그 일로 전화위복이 되었다.

"참고 견디는 자만이 성공을 누릴 수 있다."라는 말이 있다. 만약 어린이집에서 내 감정대로 했다면 아마도 더 큰 문제들이 발생했을지도 모른다. 강의장에서 때로는 인내할 필요가 있다. 강의 현장에서 좋은 일만 있지는 않다. 트라우마를 극복하는 것이 중요하다. 집을 나설 때 자존심은 두고 자존감은 가지고 가라고 한다. 강사는 인내심과 끈기가 필요하다. 내일도 해는 뜬다. 나는 오늘도 집을 나선다.

나를 성장시킨
사람들

(김규인)

1,000원짜리 지폐 한 장. 핑크색 재킷 주머니에서 발견한 돈. 어르신 손길이 생각났다. 줄 게 이거밖에 없다며 슬며시 내 주머니에 넣어 주셨던 날. 가슴이 뭉클했다.

2017년, 초보 강사 시절. 서울중앙보훈병원에서 한 달에 한 번 정기적으로 하는 프로그램이 있었다. 요양병원에 계신 어르신들 대상이다. 그날은 '행복한 노후 생활'이라는 주제로 건강한 삶을 살기 위한 방법을 나누는 시간이었다. 에어컨을 빵빵하게 틀어 놓아도 강의 마치고 나면 온몸에 땀이 흘렀다. 손수건으로 땀 닦으며 강의 용품을 챙기고 있는 내게

80대쯤으로 보이는 어르신 한 분이 다가오셨다. "강사님, 수고했어요. 감사합니다." 몇 번을 고개 숙이며 인사하셨다. 아버지 생각이 났다. 하얀색 환자복에 '중앙보훈병원'이라는 글자와 마크가 새겨진 환자복. 상의 주머니에서 꺼낸 꼬깃꼬깃한 돈. 순간 울컥했다. 이미 내 주머니에 들어간 돈을 다시 꺼내서 드릴 수가 없었다. 그 어르신의 따뜻하고 포근한 마음이 보였기 때문이다. 며칠 후 다시 그날 입었던 재킷을 입는데 뭔가 만져졌다. 꺼내서 펴보니 두 번 접혀 네 등분으로 된 천 원이었다. 강의 중 어떤 부분이 어르신 마음을 움직이게 했을까. 한참을 쥐고 있던 그 돈. 화장대 위에 있는 저금통에 넣었던 일. 몇 년이 지난 지금도 기억에 남는 일이다.

"나는 다음에 김규인 강사 못 만나. 잘 살아!"
갈 때마다 마지막 인사라고 하셨다. 서울중앙보훈병원에 약 2년 동안 찾아뵈었던 어르신 중 유난히 말씀을 많이 하셨다. 강의 내내 별로 호응도 없으셨다. 환자복 겉에 꼭 걸쳐 입으셨던 검은색 잠바. 날씨 상관없이 입는 옷은 그 어르신의 분신 같았다. 정확히 기억은 안 나는데 국가를 위해 일한 흔적. 훈장도 그 옷에는 몇 개가 달려 있었다. 강의 끝나고 나면 항상 내게 다가와 말씀하셨다. 당신은 곧 죽을 거라서 다음에는 못 만난다고. 그 어르신은 다른 환자들에 비해 건강해 보였다. 휠체어를 타고 오거나, 간병인에게 의지해 오는 분도 있었는데 혼자 걸어서 오가시는 분이었다. 왜 자신은 곧 죽을 거라고 자꾸만 말씀하시는지 안타까웠다. 약 2년 동안 갔던 그곳에 그 어르신은 항상 자리에 계셨다. 다행이었다. 그와 달리 항상 자리에 있었던 분이 안 보이면 걱정부터 앞선다. 왜 안 오셨냐는 질문에 "그 사람 며칠 전에 죽었어."라고 대신 답을 했던 분이기도 하다. 강의할 때 적극적으로 참여하는 모습은 아니었지만, 누구보다 내게 관심을 많이 보여 줬던 분이다. 자신은 곧 죽을 거라는 말씀 속에 오랫동안 살고 싶음을 그렇게 표현했을 어르신. 잘 지내시겠지?

신경 쓰인다. 산만해 보인다. 왜 집중 안 하지? 내가 뭘 잘못하고 있는건가? 아! 울고 있구나! 왜 울지? 슬픈 이야기도 아닌데. 30명 정도 참여한 교육에 모두 웃고 즐거운 분위기인데 한 사람이 계속 울고 있었다. 아니 눈물을 감추려 애쓰고 있었다. 지난 5월 12일, A 지역자활센터 게이트웨이 참여자들과 함께했던 '지혜로운 갈등관리' 강의 시간이었다. 마무리까지 20분 남짓한 시간. 동기 부여를 위한 메시지를 주며 끝내려고 했다. 어디 불편한지, 어디 아픈지 계속 신경 쓰였다. 참다가 겨우 건넨 말. 왜 자꾸 우냐는 질문에 "강사님 하신 말씀이 위로가 되어서요." 말을 잇지 못하는 분께 더 이상 묻지 않았다. 세 시간 동안 했던 말 중에 어떤 말 때문인지 모르겠다. 울어도 된다고 했다. 강의에 집중하느라 미처 보지 못했던 사람들 시선이 그분에게 향했다. 옆에 앉아 계시던 선생님 한 분은 얼른 휴지를 건네며 등을 토닥여 주었다. 울음소리가 새어 나왔다. 최대한 참아 보려고 했던 모습이 느껴졌다. 물어보고 싶었다. 어떤 사연이 있는지, 어떤 말이 위로되었는지. 나의 말 한마디가 그분에게 감동과 울림을 주었다는 사실만으로 잘하고 있음을 다시 한번 깨달았다. 한참을 자리를 뜨지 못하고 눈물을 닦고 있던 그분에게 손을 내밀었다. 내 손 잡아주신 손에 힘을 꽉 주었다. 손에도 심장이 있다. 손으로도 서로의 감정을 읽을 수 있었다. "지금까지가 아니라 지금부터입니다." 이 한마디만 건네고 교육장을 빠져나왔다.

지난 5월 11일. 오후 5시. 빨리 움직이지 않으면 또 도로에 갇힌다. 수원에서 서울 양천구까지 약 한 시간. 차 안 막힐 때 시간이다. 퇴근 시간 무렵이면 세 시간이 걸릴 수도 있다. 어르신들 인사를 다 받고 나서야 허겁지겁 출발했다. 내비게이션에서는 한 시간 30분 걸린다는 안내가 보였다. 예상 시간일 뿐이다. 역시나 시간은 점점 늘어났다. 한 시간 40분, 두 시간. 조수석에 놓인 노트북 가방에 자꾸만 눈길이 간다. 참으려고 했지만 결국 가방 지퍼를 열고 말았다. 어르신들께서 가방에 넣어준 초코파이와 과자. 한 손은 운전대를 잡고, 한 손은 가방을 뒤적거리다 초코파이 하나를 꺼냈다. 산산조각이 난 듯했다. 가방 사이에서 찌그러졌나 보다. 톱니처럼 생긴 봉지 윗부분을 아래로 쭉 찢었다. 아뿔싸! 입으로 베어 먹어야 제 맛인데 마셔야 하는 수준이다. 차가 멈출 때마다 한 손으로 부서진 초코파이를 먹으려니 불편했다. 손으로 집어 먹는 건 포기하고 봉지째 입에 털어 넣었다. 반은 옷 위로 흘렀다. 참나. 누가 이 광경을 보면 며칠 굶은 줄 알겠다. 피식 웃음이 났다. 점심을 제대로 먹지 못한 터라 더 맛있었다.

이제 전방주시. 〈양천구어르신복지관〉에서 했던 강의. 스스로 피드백하는 시간. 이번 강의에서 과연 어르신들에게 어떤 도움을 줬을까? 실수한 건 없을까? 준비한 건 후회 없이 다 했는가? 이런저런 생각을 하며 운전했다. 아! 또 준비한 교안을 다 쓰지 못했다. 대본에도 없는 내용이 많았다. 리허설이 부족했다. 시간 계산하며 준비했어야 했는데. 다시 가방을 뒤적거렸다. 초코하임, 두유, 사탕 몇 개가 나온다. 앗싸! 하나하나 입에 넣을 때마다 어르신들 얼굴이 떠올랐다. "강사님! 어르신들 만족도가 상당히 높습니다. 다음에 또 모실 수 있을까요?" 교육 담당자의 들뜬 목소리도 떠올랐다. 한 분 한 분 내 손 잡으려고 줄 서신 어르신들 모습. 그저 감사할 뿐이다. 행복했다. 잘하고 있다고 머리도 한 번 쓰다듬었다. 운전하면서 힐끔힐끔 쳐다보았던 내 가방. 조수석에 놓인 간식들. 사탕, 과자, 떡, 빵, 음료수가 보인다. 뒷좌석에 놓인 오이와 상추, 배추, 고추, 나물도 보인다.

강의 마치고 나면 강의 만족도를 간식이나 농산물로 대신 표현해 주셨던 많은 분. 검게 그을린 얼굴. 주름진 얼굴. 구부러진 허리에 꽃무늬 몸빼바지 입었던 어르신들 모습. 직접 농사지은 농산물을 들고 주차한 곳까지 오셨던 어르신들. 까만 비닐봉지 안에는 어르신들의 피와 땀, 눈물이 들어 있었다. 엄마처럼 느껴졌던 따뜻한 순간들. 이 글을 쓰는 순간도 코끝이 찡하다. 강의에 참여한 분들에게 나눠주는 간식을 내게 양보했던 많은 사람. 이동하면서 허기를 달랠 수 있었다. 내가 하는 강의가 만족스럽지 못했다면 얻을 수 없었을 터다. 8년째 쓰고 있는 노트북 가방에는 내가 만나는 사람들의 눈물과 웃음과 행복이 들어 있었다. 관심과 사랑이 들어 있었다. 오늘따라 가방이 새삼 자랑스럽고 예쁘다.

꿈을 이뤘다. 수십만 명을 만났다. 모두 만족시킨 강의는 아니었을 거다. 만족도 조사 체크할 때 매우 만족, 만족, 보통, 불만족, 매우 불만족 중에서 '매우 만족'이 많을 때가 행복하고 기쁘다. 가끔 보이는 보통, 불만족 같은 만족도가 떨어지면 다시 재점검하며 연구한다. 내가 만난 사람들을 다 기억할 수는 없지만, 부모님의 사랑을 느꼈던 어르신들과의 만남이 제일 기억에 남는다. 유난히 더 많이 웃어 주고, 더 많이 눈물 흘렸던 사람들 얼굴도 스쳐 지나간다. 청중과 함께 호흡했던 시간. 그들의 삶을 들여다보며 어떤 메시지를 드릴까 연구하고 나누었던 현장. 나의 말 한마디가 누군가에게 힘이 되고, 용기가 된다면 삶의 가치와 의미를 찾고 웃을 수 있다면 더 이상 바랄 게 없다.

내가 만난 사람들. 안부는 다 알 수 없지만 나를 만난 이후 조금의 변화가 생겼으면 하는 바람이다. 무수한 사람 중에 나의 뜻을 알아주는 단 한 명만 있어도 그걸로 충분하다. 내가 만나는 사람들에게 행복한 삶을 꿈꾸게 하고, 그들을 진심으로 안아주려고 한다. 그분들 덕분에 이만큼 성장했고, 덕분에 감사와 행복을 배웠다. 내가 만난 사람들이 나를 성장시켰다.

03

즐겁고 행복한 만남의
인연 속으로 GO!

(김영애)

지금까지 많은 고객을 만났다. 강사는 집중과 경청을 통해 강의 성공 여부를 볼 수 있다. 강의 과목을 나눠 정리해 본다.

조직 팀 빌딩 강의를 A 특성화고에서 할 때다. 산학 도제부 선생님이 학생들이 딱히 하려는 의지가 없다고 했다. "재미있게 수업에 동참할 수 있게만 해주세요."라고 했다. 일곱 시간의 수업을 어떻게 할까 고민했다. 첫 시간이 시작됐다. 교실에 입실하니 엎드려 자려고 폼 잡는 학생들이 보였다. 생각했다.

첫 시간이 중요했다. 그래서 반에서 일짱을 찾아봤다. 역시 다리 깁스를 한 학생이 딴죽을 건다.

그 학생에게 책상을 옮기자고 말을 건넸다. 엄살을 피우며 주저앉았다. 기선제압했다. 그 친구 옆으로 가서 책상을 옮겼다. 웃으며 함께 하니 학생들이 움직이기 시작했다. 그 친구가 나의 타깃이 됐다. 무엇이든 그 친구 먼저 시키고 질문했다. 다른 친구들도 따라 하기 시작했다. 특성화고는 반마다 주도하는 친구가 있다. 그 친구들을 내 편으로 만들어야 한다. 옆에서 귀찮아해도 자꾸 시키며 당근과 채찍을 동시에 준다. 아이들이 눈치껏 함께 한다. 재미있게 팀 빌딩을 솔선수범하며 먼저 한다.

조 친구들을 리드하게 했다. 자꾸 이야기를 건넸다. 싫어하는 듯하지만 자꾸 챙겨주고 따뜻하게 이야기를 해주니 그 학생들이 따라왔다. 포기하지 않았다. 일곱 시간이 얼마나 재미있게 지나가는지 모른다. 항상 소외된 학생들을 생각한다. 그 학생들의 마음 문 열기가 더 쉽다. 관심받고 싶어 한다. 잘한다고 칭찬해주면 고래가 춤추듯 더 열심히 한다. 그런 학생들이 인재감이 된다. 특성화고 캠프를 다니다 보면 학생들이 무섭게 대드는 경우도 있다. 눈 깜짝 안 한다. 그러면 학생이 오히려 엎드린다. 모든 강의는 첫 시간. 첫 만남이 중요하다. 여유로운 모습을 보여야 한다.

칭찬 세례를 흠뻑 적셔 주었다. 그런데 어떤 여학생이 자꾸 얼굴을 뚫어지게 쳐다본다. '왜 그러지?' 속으로 생각했다. 말실수를 했나 생각하며 강의를 진행했다. 마지막 하이라이트에 칭찬 스티커를 이용한 게임을 했다. 수업을 마쳤다. 그 여학생이 나에게 물었다. "선생님, 우리 반 분위기가 좋아요?" 바로 대답해 주었다. "에너지 충만 그 자체야."라고 그 학생의 입가에서 미소가 번졌다. 그리고 한 마디 더 했다. "지금까지 칭찬들은 적 처음이에요."라고 하며 다시 웃었다. 중학생들은 중학생답다. 무엇이든 잘할 수 있다고 칭찬하면 그렇게 된다. 말이 씨가 된다. 격려와 위로의 말을 해주면 된다. 서로 공감을 해주고 못하는 학생들도 할 수 있는 분위기를 만들어 주면 된다. 학생들의 잠재된 능력은 무궁무진하다. 칭찬해 주고 온다. 미래의 인재가 많이 나오도록, 잠재력을 꺼내줄 수 있는 리더십 강의를 할 것이다.

방과 후에 토털공예 수업을 한다. B 초등학교 3학년 남학생이 생각난다. 처음 만났을 때 그 아이는 불안해 보였다. 유심히 지켜봤다. 첫 작품은 냅킨아트로 티슈케이스를 만들었다. 원목을 색칠했다. 색깔을 빨간색으로 선택했다. 선택을 인정해 줬다. 여전히 그 아이는 불만과 불평이 가득 찬 모습이었다. 더 신경이 쓰였다. 잠시 만나는 강사였지만 그 아이의 마음을 본다. 오면 반갑게 인사해 주고 수업할 때 옆에서 두런두런 얘기해준다.

스토리텔링으로 그 마음의 응어리를 풀어주려고 노력했다. 오면 인사도 안 하던 아이. 불만과 불평이 많았던 아이가 시간이 지나면서 표정이 밝아졌다. 그 아이가 달라지기 시작했다. 오면 인사도 잘하고 색감도 어쩜 예쁜 색을 고르던지 내가 놀랐다. 관심과 사랑의 표현이 그 아이의 응어리를 풀어 줄 수 있다는 것을. 사람을 만나는 일에 소홀히 여기지 않았다. 서로 이야기를 하면서 그 마음을 치유해 줄 수 있어서 뿌듯했다. 지금 그 아이는 어떤 아이로 자랐을까? 오늘은 또 어떤 아이를 만날까? 만남이 행복하고 궁금하다.

C 장애인복지관과 야간보호 학생들과 인연을 맺은 지 4년이 됐다. 그 시간 동안 아이들은 소통하는 방법을 배웠다. 첫 만남이 생각난다. 초등 1학년부터 중학교 3학년까지의 대상이었다. 같은 공간 안에 좌충우돌했던 관계의 친구들. 서로 싫어하고 놀지 않으려고 했던 사이였다. 8명의 학생들과 가장 기본적인 전래놀이를 계획했다. 한 번도 해보지 않았던 놀이였다고 한다. '무궁화 꽃이 피었습니다'를 할 때 아이들이 신나게 뛰며 재미있게 따라 했다. "술래에게 잡힐 때 어땠니?" 물어보며 그 당시의 놀이를 이야기 방식으로 나누며 익히게 했다. 아이들은 술래를 좋아했다. 서로 하겠다고 해서 가위바위보로 결정했다. '얼음 땡'을 했다. 강당을 신나게 뛰어보는 것도 처음이라고 한다. "신나게 뛰다 '얼음' 할 때 어떠니?" 물었다. "친구를 기다려요."라고 대답했다. 서로 웃고 뛰고 게임에 참여하면서 또래집단 간에 놀이를 알아가며 재미를 느끼기 시작했다. 매해 다른 놀이로 야간보호 선생님과 상의하며 과목을 결정해 진행한다.

해마다 고집불통에 소통이 어려웠던 아이들이 친구라는 또래 속에서 어울리며 웃고 즐기는 방법을 터득해 나갔다. 다양한 놀이를 통해 아이들에게 필요한 적절한 방법들을 적용하면서 나도 깨닫는 게 많다. 장애인복지관 친구들끼리도 서로 끈끈한 정이 많이 생겨 미워하고 싫어하는 벽이 무너져갔다. 다행이다. 아이들이 바뀔 수 있었던 이유는 야간보호 선생님이 아이들의 성향을 알고 강사와 상의하며 진행한 결과라 생각한다.

치매안심센터에서 어르신들 대상으로 치매예방 인지 놀이 강의를 했다. 남자, 여자 어르신들이 모여 쑥스러워하시던 모습이 생각난다. 첫 만남이었다. 다 늙어서 애들이 하는 걸 하냐고 투덜거리시던 남자 어르신. 그러던 그분이 게임 하나를 마치고 나니 더 신나게 움직인다. 치매 오면 안 된다고 하면서. 손가락 체조도 하고, 공으로 함께하는 활동도 했다. 난생처음 하는 놀이라 아이들보다 더 신나게 했다.

옛 추억이 생각나서 좋다고 했다. 어르신들을 만나면 내가 없다. 애드리브를 주면서 친숙한 말투로 더 가까이하며 나도 신나게 한다. 어린아이처럼 동심으로 돌아가 즐겁게 따라 하며 좋아한다. 웃음꽃이 한바탕 펼쳐지며 자연스럽게 웃음 치료가 된다.

D 유치원에 교통안전 강의가 생각난다. 6세 어린이가 교통 정복을 입고 유치원에 방문을 하니 경찰이냐고 물었다. "교통안전 선생님이야."라

고 말하고 교실로 들어갔다. 횡단보도를 깔고 준비한 후 스팟을 했다. 어린이들이라 처음 온 선생님을 뚫어지게 쳐다본다. 대답도 우렁차게 한다. 설명이 끝난 후 횡단보도 체험을 하는데 예쁜 여자 어린이가 제대로 안 따라 한다.

옆으로 가서 말을 건넸다. 고개를 끄덕였다. 한 손은 잡고 한 손은 들고 횡단보도를 함께 건너니 아이는 살짝 웃으며 자리로 돌아갔다. 쑥스러워서 못 하는 아이들이 가끔 있다. 잘하는 아이는 더 잘하게 신호등 역할을 시킨다. 못 따라 하는 아이는 강사가 옆에서 적응을 잘할 수 있게 지도한다. 유치원, 초등학교 교통안전은 간접 체험이 중요하다. 시각적인 교구들 만들어 응용하면 더 기억을 잘한다. 수업에 필요한 교구는 손으로 직접 만들어 간다. 만드는 것을 좋아한다. 아이들의 답변에도 보상이 필요하다. 퀴즈 내면서 적절한 보상을 해주면 더 집중한다. 기대 심리를 유발한다. 아이들의 심리를 잘 이용하는 것도 강사의 자질이다. 심리에 대해 공부해서 마음을 잘 알아차린다. 수업하는 동안 아이들의 집중을 최대 높여야 한다.

보상심리를 이용하는 것이 집중을 극대화할 수 있다.

강사의 경험은 자산이다. 돈으로 살 수 없는 귀한 나의 보물이다. 어떤 강의, 어떤 대상을 만나든 안성맞춤의 강의는 수십 년의 내공이다. 처음엔 애먹었던 것들이 지금은 나의 경험으로 쌓여 더 여유롭고 능청스러워졌다. 사람을 만나 더 즐겁고 행복한 강의를 선물로 드리고 싶다. 유치원에서 어르신 등까지 맞춤형 강의로 끊임없이 전할 것이다. 사람들의 심금을 울리는 강사가 될 것이다.

04

특별한 선물을
안겨준 사람들

(김은주)

"오늘도 이렇게 귀한 분들과 함께할 수 있어 영광입니다."라는 인사로 교육생과 만난다.

강의 의뢰가 들어오면 먼저 '소중한 인연에 감사합니다.'라며 강의안을 준비한다. 내 삶에 긍정적인 영향력을 미치는 교육생의 이야기를 하려고 한다.

'오티즘 토크쇼'는 평소 우리가 궁금했던 발달장애인의 삶, 그들의 꿈과 도전 등 다양한 주제의 이야기를 발달장애인 연사의 강연을 통해 직접 알리고, 진취적인 발달장애인의 모습을 세상에 알리는 데 목적이 있다. "간사님, 안녕하세요?" 강의를 마치고 핸드폰을 확인하니 반가운 문자가 와 있다. 오늘 문자도 오타가 있다. 이때 만난 교육생 중 한 명이다. 2022년 9월쯤 교육이 끝났는데 가끔 이렇게 안부를 건넨다.

오티즘 토크쇼 준비로 3개월 정도 〈서울시립 발달장애인복지관〉에서 6명의 연사가 함께한 시간이 있었다. 안부 문자를 건넨 이는 자신의 이야기를 꺼내는 데 가장 힘들어한 연사 중의 한 명이었다. 글로 표현하는 것도, 말로 표현하는 것도 힘들어했다. 한마디 말을 꺼내기도 전에 울음을 터뜨렸다. 그래서 다른 연사들에 비해 이야기를 쓰고 발표 연습을 할 때 많은 시간이 필요했다. 자신의 힘들었던 시간을 누군가에게 말을 한다는 것은 용기를 내야만 하는 것이다. 자신이 힘들었던 시간만큼, 이야기를 꺼내는 데 조금 더 시간이 필요했던 것 같다. 이 연사의 힘들었던 시간을 공감하며 다른 연사들도 함께 울었다.

'혹시나 중간에 지쳐서 포기하지 않을까?'라는 걱정이 될 정도였다. 다행히 함께하는 연사들이 "힘들었겠다.", "마음이 아주 아팠겠다."라며 마음을 토닥여 주다 보니 용기를 내주어서 무사히 유튜브 촬영까지 마칠수 있었다. 오티즘 토크쇼에 자기 얼굴이 세상에 알려지면서 주변 사람들에게 축하 전화를 많이 받았다며 문자를 보내왔다. "친척들이 나 너무 멋지다고 말해요. 강사님 말씀대로 내가 참 대단한 사람이라는 생각이 들어요. 나 멋지게 만들어줘서 감사합니다. 앞으로도 지금처럼 드림도 열심히 배우고 〈서울시립 발달장애인복지관〉에서 정직원으로 오래오래 근무할 거예요."

낯선 분야의 주제로 강의 의뢰를 받을 때 미리 겁먹고 포기하고 싶을 때가 있다. 용기가 나지 않을 때 영상을 보며 연사들과 함께했던 시간을 떠올리며 위로와 용기를 얻는다. 나뿐만 아니라 발달장애인들의 삶의 이야기를 보며 많은 사람도 진취적인 삶을 살아가기 위해 힘을 낼 것이라고 믿는다.

강의 준비할 때부터 마음이 불편하고 미안한 마음이 드는 강의가 있었다. 주제가 '뮤직테라피 스트레스 관리 교육'이었다. 그런데 그 교육 대상자가 시민들에게 폭행당한 구급대원들이었다. 시민의 안전을 위해 밤낮을 가리지 않고 열심히 구호 현장을 뛰어다니는 구급대원들에게 폭행이라니. 그래서 강의안 준비하면서 미안하고 불편한 마음이었다.

강의는 서울의 한 호텔에서 진행되었다. 대부분 20, 30대의 건장한 청년들이었다. 뮤직테라피를 통해 구급대원들의 스트레스를 조금이라도 관리할 수 있기를 간절히 바라는 마음으로 교육을 진행했다. 그런데 초반에 이 교육생들 자세가 자꾸만 신경에 거슬렸다. 다리를 쫙 벌리고 팔짱을 끼고 나를 보고 있었다. '음악으로 우리의 힘든 마음이 편해지겠어!' 마치 이렇게 말하는 것 같았다. 그렇다 보니 처음에는 교육생의 표정을 살피느라 긴장을 많이 했던 것 같다.

하지만, 음악의 힘은 역시, 놀라웠다. 시간이 흐르면서 팔짱을 끼고 몸에 잔뜩 힘이 들어갔던 두 팔이 편안하게 여유로워지는 게 보였다. 비록 마스크를 쓰고 있어 얼굴 전체 표정을 볼 수는 없었지만, 눈만 보아도 처음보다는 마음이 편해졌음을 읽을 수 있었다.

교육이 끝난 후 구급대원들로부터 큰 박수를 받았다. 담당자로부터 긍정적인 피드백도 들었다.

엘리베이터를 기다리고 있는데, 한 구급대원이 나를 불러세웠다. 택시 타는 곳까지 자신이 배웅하겠다고 말했다. 구급대원들을 교육하는 사내 강사 중의 한 명이라고 자신을 소개했다. 처음 이 교육에 참여하면서 '에이, 무슨 뮤직테라피로 우리의 힘든 마음이 풀리기나 하겠어?'라는 불신감이 가득 찬 채로 교육에 참여했다고 한다. 그런데 스토리텔링과 음악이 함께하니 '어라, 이상하네! 왜 마음이 이렇게 편안해지는 것 같지?'라는 생각이 들었다고 한다. 그러면서 점차 음악에 집중할 수 있었다고 한다. 자신의 변화가 신기하고 놀라워서 동료들의 표정도 살폈다고 한다. 그런데 동료들의 표정도 역시 자신처럼 처음과는 편안해진 얼굴로 교육에 집중하고 있는 게 보였다고 했다. 그래서 뮤직테라피에 관심이 생겼다고 한다. 사내 강사가 되어 구급대원들에게 뮤직테라피로 스트레스 관리 교육을 하고 싶다는 마음이 들었다며 어떤 방법으로 이끌어야 할지 조언을 청했다. 음악이 주는 힘을 새삼 느끼게 된 시간이었다. 음악을 통해 상처 난 마음을 치유하고 구급대원들과 교감할 수 있는 시간이었다.

구급대원들은 자신이 배운 구호 기술로 시민들의 안전을 지키기 위해 구조 현장으로 출동한다. 말 한마디로 마음의 안전을 보호하고 마음을 건강하게 만들기 위해 오늘도 강의 현장으로 출동한다. 마음이 아름다운 길, 마음이 건강한 길을 향해.

"강사님, 이거 얼마 안 되는데 할미가 맛있는 밥 사준다고 생각하고 받아주면 좋을 것 같아요. 정말 고마워서 뭐라도 주고 싶어서 그러니 꼭 받아주세요."라며 만 원짜리 지폐를 건네셨다. 강사 초보 시절에 노인유치원인 주간보호센터에서 책 놀이 인지 프로그램 강사로 활동한 적이 있는데 그때 만난 어르신이다.

노인 일자리 교육으로 어르신들 대상 전국의 노인복지관을 찾아가고 있다. 어르신들을 뵐 때마다 용돈을 주셨던 그 어르신이 생각난다. 의무 교육은 다른 교육에 비해 조금은 딱딱할 수 있다. 그런데 교육 대상자가 어르신들이라면 교육 흐름이 조금 달라진다. 보통 노인 일자리 교육은 한 번에 3~4시간 교육이 진행된다. 노인들에게는 교육 중간중간 교육 주제와 맞는 손유희나 건강 체조를 넣는다. 익숙한 트로트 가락에 몸을 움직이다 보면 밝은 표정으로 3~4시간 교육도 거뜬히 참여하신다. 다른 교육생에 비해 노인들은 표현을 잘하신다. 쉬는 시간에 과일, 사탕, 음료수를 건네며 "아이고, 노인네들 즐겁게 해 주느라 강사님 얼마나 목이 아플까요!"라며 표현을 아끼지 않으신다. 괜찮다고 해도 자꾸만 마음을 건네신다.

얼마 전 〈공주시 노인복지관〉을 찾았을 때가 생각난다. 교육이 모두 끝난 후 어르신 한 분이 내게 다가오셨다. 내 손을 꼭 잡으며 "고마워요, 정말 고마워요!"라며 눈물을 흘리셨다. 담당자와 내가 깜짝 놀라서 왜 우시는지 여쭤보았다. "자식들도 자주 연락을 안 하고 요즘 외롭다는 생각이 많이 들었는데 오늘 강사님 덕분에 오랜만에 많이 웃을 수 있었어요. 웃다 보니 외롭다는 생각도 안 들고 강사님 말대로 '내가 귀한 사람이구나!'라는 생각이 드는 거예요. 귀한 나를 그동안 소홀히 한 것 같아 반성도 하게 되었어요. 오늘 집에 가면 밥도 많이 먹을 수 있을 것 같아요."라며 감사의 인사를 건네셨다. 어르신들 덕분에 함께 많이 웃을 수 있어 내가 감사한 시간이었는데. 내가 먼저 해야 하는 감사 인사를 어르신께서 먼저 해 주셨다. 교육 중간이나 교육이 끝난 후 어르신들은 이렇게 표현을 많이 해 주신다.

'사람은 사랑을 먹어야 살 수 있다'는 말처럼 어르신들의 긍정적인 표현 덕분에 더욱 마음을 다해야 함을 느낀다. 살아 있음을 느낀다. 혹시나 위의 어르신처럼 외로운 사람에게 내가 희망의 등불을 비칠 수도 있다고 생각한다. 더 열심히 살아야 할 이유를 찾는다. 더 열심히 전국으로 뛰어야 할 필요성을 느낀다.

"어리석은 자는 멀리서 행복을 찾고, 현명한 자는 자신의 발치에서 행복을 키워간다."라는 제임스 오펜하임의 말처럼 강사로서 만나는 모든 교육생이 특별함으로, 귀한 존재로, 나에게는 행복 그 자체이다. 나에게 행복을 선물해 주는 교육생을 만나러 갈 수 있다는 생각에 감사하다. 또한 교육생을 통해 배우고 깨달음을 얻을 수 있다. 오늘도 강의 여행에 설렘 가득하다. '오늘은 어떤 귀한 분들을 만나게 될까?'

05

나를 가슴 뛰게 하는
귀인(貴人)

(김창범)

수원 산업도로변에 위치한 마라톤 빌딩 엘리베이터 버튼을 누르고 기다린다. 다리가 살짝 떨린다. 심호흡을 크게 해본다. 사람들이 한 명 두 명씩 엘리베이터 앞에 모여든다. 멈춘 엘리베이터를 타고 사람들 틈에 끼어 13층으로 향했다. 오늘은 오산대학교 시간강사로 첫 강의를 하는 날이다. 당시 오산대학교 야간 위탁반은 수원시청 사거리에 있는 건물의 사무실을 임대하여 강의실로 사용하고 있었다. 1학년 반에 들어갔다. 학생들과 인사를 나누고 교재를 탁자 위에 올려놓는다. 순간 손이 파르르 떨린다. 가슴이 쿵쾅 쿵쾅거린다. 학생들을 똑바로 쳐다보려니 온몸이 부르르 떨리는 것 같다. 태연한 척하려 주먹을 쥐고 아랫배에 힘을 주어 본다. 강의실 창밖은 벌써 어둠이 내려앉았다. 천천히 강의실을 둘러보았다. 직장인 야간반 40여 명. 학생 한 명 한 명과 시선을 마주쳐 보려 애를 써 본다. 남학생 여학생의 비율은 비슷했다. 몇몇 낯익은 얼굴이 보인다. 수원시청에 함께 근무하는 동료 몇 명이 학생으로 앉아 있었다. 반가운 눈빛과 미소로 인사를 나눈다. 계장님이 우리 교수님이 되었다는 동료의 말에, 웃음과 격려가 터져 나왔다. 대학에서의 첫날, 강사로서의 첫 경험은 그렇게 시작되었다.

1학년 첫 시간 NGO 이론 수업을 마치고, 둘째 시간은 2학년 행정학 원론 시간이다. 강의실에 들어서자 깜짝 놀랐다. 수원시의회 송재규 의장님께서 엷은 미소를 머금고 맨 뒷좌석에 점잖게 앉아 있었다. 당시 수원시 의회사무국 의정 계장으로 근무할 때였다. 조직의 최고 상관이 학생으로 앉아 있는 것이다. 이미 의장님은 학생으로 재학 중이었다. 학생들과 인사를 나눴다. 의장님께 다시 한 번 살짝 목례를 했다.

수업이 시작되자 의장님이 양복 안주머니에서 반쯤 접힌 몇 장의 메모지를 꺼내 책상 위에 놓는다. 의회 의장과 직원이, 학생과 교수로 만나 수업이 진행되고 있다. 검은색 뿔테 돋보기안경 너머로 칠판을 보시며 열심히 수업 내용을 메모를 한다.

다음 날, 의장님의 인터폰이 울렸다. 의장님 방으로 잠깐 오라고 했다. 방에 들어가니 돋보기안경을 쓰고 커다란 모니터를 보고 있다. 책상에는 책과 메모지가 놓여 있다. 무언가 메모를 많이 했다. 계장님이 아니라 교수님이라 불러야겠다며 웃는다. 어제 수업한 내용에 대해 잘 이해가 안 된다며 물어본다. 의회의 수장으로 여러 행사 일정 등으로 바쁠 텐데, 학업에 대한 열정이 대단하다. 수업이 있는 다음 날이면 어김없이 의장님의 인터폰이 울렸다.

학기를 마치고 방학이 시작되었다. 2학년 학생들이 졸업을 앞둔 어느 날 학과장을 찾아뵈었다. "학과장님, 이번 졸업식 때 송재규 의장님이 특별상을 받도록 해 주셨으면 좋겠습니다."

졸업식 날, 특별상 수상자인 의장님을 수행하고 학교 본관 앞에 도착했다. 졸업식장과 좌석 안내 등으로 분주했다. 식순과 수상 개요에 대해 자세히 설명했다. 의장 학생과 교수와의 관계가 마무리되었고, 오산대학교에서의 강의는 계속되었다.

20년이 지난 지금도 송재규 의장님과는 카톡으로 연락을 나누고 있다. 커다란 키에 듬직한 체구, 구부정한 허리, 벗어진 이마. 수업 때면 항상 맨 뒷좌석에 앉아 양복 속주머니에서 흰 메모지를 꺼내던 의장님의 모습이 눈에 선하다. 커다란 모니터 앞에서 두꺼운 안경을 내려쓰며, 이건 무슨 뜻이냐고, 이렇게 정리하면 되냐면서 컴퓨터 자판을 두드리던 송재규 학생이 늘 감동으로 남아 있다. 강사만이 누릴 수 있는 특권이며 감격이 아닐까 생각한다.

　2018년 1월 어느 날, 행정자치연수원 김경섭 원장으로부터 전화가 왔다. 이달 말경 서울 K 구의회 의원님들이 제주도에서 연수 일정이 있는데, '리더십'을 주제로 강의를 해 달라는 것이다. 당시 나는 수원시 팔달구청장에서 1월 5일 자로 명예퇴직하고 민간인 신분으로 집에서 쉬고 있을 때였다. 조직을 떠나서 마음도 허전할 텐데, 강의도 할 겸 오라는 김원장의 말이 반가웠다.

　강의하러 가던 1월 말. 차가운 겨울바람이 세차게 불었다. 리무진버스를 타고 김포공항으로 향했다. 공항 로비에는 제주로 떠나려는 여행객들로 붐볐다. 겨울방학 기간이라 그런 것 같았다. 제주공항에 도착하자 짐을 챙겨 택시 승강장으로 걸음을 재촉했다. 햇살은 좋았지만, 제주도의 겨울은 매서운 바람으로 몹시 추웠다. 택시 타고 10여 분쯤 갔을까. 공항에서 멀지 않은 바닷가 근처 H 호텔에 도착했다. 김 원장이 호텔 입구에서 반갑게 맞이해 준다. 호텔 로비에서 따끈한 커피를 마시며 안부도 묻고, 지난 이야기도 나누었다. 강의 시간이 되어 2층 소연회장으로 했다.
　K 구의회 의원은 여성 의원 두 명 포함, 아홉 명이 참여하고 있었다. 의장과 먼저 인사를 했다. 명함을 준다. 당시 나는 퇴직 후여서 명함이 없었다. 양해를 구하며 전에 사용하던 구청장 명함을 드렸다. 미안하기

도 하고 마음이 편치 않았다. 다른 의원들과도 악수하며 명함을 주고받았다.

강의장은 따뜻하고 아늑했다. 강의장 전면에는 연수 플래카드가 걸려 있다. 강단에는 태극기와 탁자가 놓여 있다. 강의장 뒤편에는 커피와 녹차 다양한 과자와 사탕 등이 진열되어 있었다. 쉬는 시간 의원들에 대한 배려가 느껴졌다. 창밖에는 거센 바람에 파도가 방파제에 부딪히는 모습이 보인다.

사회자의 안내에 따라 의장의 개회 인사가 끝나고 '지방의원과 리더십'이란 주제로 강의를 시작했다. 공직자로 약 40년간의 삶을 이야기했다. 특히 의회사무국에 근무하며 의원들을 보좌하며 겪었던 경험과 느낌도 솔직하게 털어놓았다. 시민의 입장에서 느꼈던 의원들 모습도 그대로 표현했다. 지방의회 의원들을 대상으로 한 첫 강의가 시작되고, 인연이 시작되는 순간이었다.

두 시간의 강의를 마치자, 빨간색 아웃 도어를 입은 한 여성 의원이 마이크를 잡는다. "강의 시간 짧아 많이 아쉬웠어요. 공직자로 경험했던 사례가 특별히 마음에 와닿네요. 기회 되면, 다시 한번 초청해서 오늘 듣지 못한 다른 이야기 꼭 듣고 싶습니다." 한다. 의원들과 종이컵에 믹스 커피를 타서 마시며 이런저런 이야기를 나눴다. 개별적으로 사진도 찍으며 추억을 만들었다.

그해 여름, 다시 K 구의회에 강사로 초청을 받았다. 의회 본 회의장에 들어섰다. 의원들과의 두 번째의 만남이어서인지 반가움이 더 했다. 제주도 연수에서 초청하겠다고 말씀하신 그 여성 의원은 본 회의장 맨 뒷줄 앉아 있었다. 구의회 부의장이 된 것이다.

23년 전, 처음으로 오산대학교에서 시간강사로 출발했었다. 그동안 여러 대학에서의 시간강사와 겸임교수로 학생들과 만났다. 지방의회 의원들을 대상으로 한 '지방자치 단체 예산과 결산'의 전문 강사로 전국을 다니고 있다. 공직자 출신 강사로 여러 지방자치단체 공무원들을 만났다.

사람들을 만났다. 그중 귀인처럼 다가오는 인연이 있다. 보내준 작은 한마디와 옅은 미소가 용기가 되었다. 어려울 때 손 내밀어 주고 지지해 주는 그들이 있었기에 힘을 낼 수 있었다. 지금 만나는 사람이 얼마나 중요한지 새삼 깨닫는다. 매 순간 진심이 필요하다. 나도 마음을 다하는 사람이 되고자 한다.

06

행복한 사람들의
비밀

(민혜영)

　지역아동센터에서 상담 코칭을 올해 7년째 하고 있다. 제목은 '힐링 진로 코칭'이다. 2017년 초등학교 3학년이었던 준서(가명)를 만났다. 준서와 첫 만남은 유쾌한 시간은 아니었다. 준서는 의자에 똑바로 앉지 않고, 의자의 앞부분을 들어서 뒤에 있는 책꽂이에 기댄다. 두 팔은 팔짱을 끼고 있다. 감성 카드를 통해 마음 열기를 시도한다. "준서야, 선생님과 같이 카드놀이 할까?" 준서는 대답한다. "싫어요. 쌤이 하세요!" 30분이 지나도록 삐딱하게 기대고 있다. '어떤 것으로 준서의 마음을 열어볼까?' 잠시 생각했다. '나는 누구일까요?'라는 활동지를 꺼냈다. 첫날 이야기를 나눠보고 두 번째 코칭 방향을 바꾸기도 한다. 하지만 이 아이는 30분이 지나도록 여전히 삐딱하기만 했다.

준서와 규칙을 정했다. 활동하는 시간만큼은 똑바로 앉기로 약속했다. 처음으로 똑바로 앉았다. 활동지를 주니 쓰기 싫다고 했다. "그럼 쌤이 쓸게. 준서가 불러줄 수 있니?" 고개를 끄덕인다. 쌤은 글씨를 잘 써서 왼손으로 쓴다고 하며 삐뚤빼뚤하게 썼다. "쌤, 이것보다 잘 써요." 억울한 듯 큰 소리로 말한다. "그래? 알았어. 왼손으로 정성껏 써볼게."라고 말했더니 직접 쓴다고 가져갔다. 조금 쓰더니 힘들다고 한다. "좋았어. 그럼 인정. 쌤이 오른손으로 쓸게." 준서는 그날 나를 마주한 40분 만에 살짝 미소를 지었다. 무엇보다 그 시간 이후에 책꽂이에 기대지 않았다. 처음 목적은 진로 코칭과 학습 코칭이었지만 감정 코칭으로 바꿨다.

나에게 오늘은 뭐 할 거냐고 물었다. 뭐 할 거냐고 물었다. 흰 종이를 보여주며 낙서할 거라고 말해주었다. 준서의 마음 상태를 알고 싶었다. 미술로 심리를 알아보는 건데 낙서를 통해 기호를 찾아 현재 기분과 느낌을 알아본다. 이야기를 통해 과거, 현재, 미래의 이야기도 나온다. 미술 심리치료는 한 번으로 결정짓지 않는다. 준서는 신났다. 좋아하는 색깔로 아무렇게나 칠해도 된다. 무엇을 했을 때 땀이 난 적이 있느냐고 물었더니 한참 생각한 후 축구할 때라고 했다.

다음에 집에 있는 축구공을 가져갔다. 가면서 이런저런 이야기를 나눴다. "준서야, 나중에 뭐가 하고 싶어?" 물어보니 지금은 하고 싶은 게 없다고 한다. 그런데 전에 말했던 걸 기억하는지 "축구할 때 가장 기분이 좋고 땀이 많이 나요." 하면서 웃는다. 여름이라 얼굴에 땀이 가득하다. 운동장에 도착해서 축구를 했다. 넓은 운동장을 왔다 갔다 하니 온몸이 젖었다. 셀프카메라도 찍었다. 준서가 뒤에서 웃고 있다. 끝나고 학교 맞은편에서 떡볶이와 슬러시를 먹었다. 이날 준서와 가장 많은 대화를 한 날이다.

마지막 날 비전보드를 만들었다. 준서는 축구선수가 꿈이라고 적었다. 준서는 핸드폰 번호를 적어달라고 했지만, 코칭할 때 담당 선생님을 통해서 연락을 한다. 준서는 비전보드를 들고 집으로 갔다. 담당 선생님과 마지막 피드백을 나누고 준서가 찾으면 시간 되는 날 오겠다고 했다. 하지만 준서는 한 번도 나를 찾지 않았다. 한 달 후, 담당 선생님에게 전화를 했을 때 친구랑 싸우지도 않고 잘 다니고 있다고 했다. 감사하다고 했다. 7년 동안 많은 아이들을 만났지만 준서가 가장 생각난다. 지금도. 어엿한 고등학생이 되었겠지!

2016년부터 A 고등학교와 MOU 체결을 맺어서 일 년 동안 고등학교 1학년 학생들을 담임제로 만난다. 일 년 프로그램은 자기이해, 자존감 향상, 적성검사, 독서, 직업, 대입전형에 따른 학교생활기록부, 대입 면접까지 강의 계획을 잡는다. 아이들을 매주 보기 때문에 일 년이면 우리 반의 모든 아이들을 파악한다. 공부를 잘하는 아이부터 꼴등까지, 성격이 좋은 아이부터 까칠한 아이까지, 소심한 아이부터 외향적인 아이까지 매년 만난다.

2019년 만난 우진(가명)이는 평범한 아이다. 중위권의 성적이고 간호사가 되고 싶은 남자아이다. 우진이의 눈은 항상 궁금한 게 있어 보인다. 하지만 한 번도 질문을 한 적이 없다. 나는 외부 강사로 가기 때문에 잘하는 아이들만 이끌고 가는 것이 아니다. 못하는 아이들도 동기 부여를 해서 무엇인가 할 수 있도록 해야 결과물이 나온다. 강의 중 이런 얘기를 해준다. "기회가 왔을 때 잡아라! 그 기회는 경험을 만들고, 그 경험은 너희들의 능력이 된다." 하반기쯤 돼서 친해지니 우진이는 궁금한 질문을 모아 쉬는 시간에 나온다. 우진이는 마음이 따뜻하다. 말도 예쁘게 한다. 그러니 사회적인 공감이 필요하고 타인에게 선한 영향력을 주는 간호사가 되고 싶은가 보다.

다음 해 만난 혜령(가명)이는 반에서 일등 하는 여자아이다. 고려대학교 정책 연구원이 되고 싶은 아이다. 목소리는 들리지 않을 정도로 작다. 시선이 집중되는 것이 부끄러워서 얼굴까지 빨개지는 아이다. 스스로 나서서 하지는 않지만 시키면 잘하는 친구다. 좋은 생각이 많은 아이라 발표를 잘 시킨다. 발표는 훈련이다. 모둠 활동을 통해 공유하는 시간을 많이 갖는다. 신기하게도 최근에 '숨고'(숨은 고수)를 찾다가 많이 본 듯해서 클릭해 보니 혜령이었다. 달라진 점은 예쁘게 화장을 한 모습이었다. 웃는 모습이 예뻤다. 수능 성적을 올려놓고 영어 과외 받을 학생을 모집

하고 있었다. '원하는 대학교는 가지 못했네. 하지만 잘했다. 혜령아!' 화면을 보면서 혼잣말을 했다.

우진이, 혜령이 말고도 내가 만난 모든 아이들은 소중하다. 청년이 된 친구들은 무엇을 하고 있을까?

가장 최근에 A 시니어 클럽에 '장애 인식 개선 교육'과 '긍정 커뮤니케이션 교육'을 하러 갔다. 웃으며 인사를 하고 뒤에서 한 분 한 분 오는 것을 보았다. 넓지 않은 공간에 100명의 시니어 교육생분들이 강사 코앞까지 앉아 있다. 너무 가까워서 민망할 뻔했다. "선생님들, (聽) 이 한자가 무슨 글자일까요?" 중간쯤에 앉은 어르신이 '들을 청' 자라고 말했다. 들을 청자 안에는 귀로 듣고, 눈으로 보고, 마음으로 공감한다는 뜻이 있다. 듣는다는 것이 그만큼 중요하다는 의미다. 우리가 왜 경청해야 하는지, 장애인을 만났을 때 먼저 물어보고, 듣고, 행동해야 하는지 이유를 설명했다. 쉬는 시간에 같이 앉아 계신 두 분이 알기 쉽게 설명한다며 칭찬해 주었다. 긍정의 선물을 받아서 기분이 좋았다.

두 번째 시간은 긍정 커뮤니케이션 시간이다. 분위기를 바꿔서 노래에 맞춰 입으로 따라 하고 신나게 몸을 움직이니 땀이 난다고 한다. 앞에서 보니 어르신들이 웃고 있는 모습이 보인다. 열정적으로 따라 하는 모습에 강사도 웃는다. 사람은 웃을 때 긍정 호르몬이 나온다. 웃음은 운동의 효과도 크다. 15초 박장대소를 하면 윗몸 일으키기 25회, 100m 전력

질주, 3시간 스트레칭을 한 효과가 있다고 하니 웃지 않을 이유가 없다. 교육생도 강사도 15초 동안 박장대소를 했다. 박수를 치고, 발을 구르고, 온몸을 흔들고, 함성을 질렀다. 다시 복식호흡을 하고 10초로 줄였더니 좋아했다. 이렇게 우리는 하나가 되어 100명이 있는 공간을 소리와 열기로 가득 채웠다.

다른 환경, 다른 모습, 다른 생각을 가진 다양한 사람들이 모인 이곳. 서로를 배려하고 소통하고 공감하는 마음을 나누는 시간이 되길 바란다. 이런 강사의 마음을 알았는지 어르신들은 호응 끝판왕이었다. 어르신들이 호응을 잘해주니 강사는 더 신나서 강의한다. 처음부터 끝까지 이렇게 웃으며 교육한 적이 있었나? 행복했다. 긍정 커뮤니케이션은 교육 주제 특성상 즐거운 시간이다. 교육이 끝난 후 스트레스 풀린다고 하면서 좋아했다. 엄지척을 해주는 어르신도 있었다. 강사는 교육생의 호응을 먹는다.

에이브러햄 링컨이 말했다. "우리는 우리가 행복해지려고 마음먹은 만큼 행복해질 수 있다."라고.

내가 행복해야 나를 보는 교육생도 행복하다. 내가 편안해야 교육생도 편안한 마음으로 본다. 행복한 사람들의 비밀은 긍정의 힘이다. 감사하는 마음이다. 내가 가진 것에 대해 감사한 마음으로 살고 있다.

07

인연을 꽃피우는
이야기

(박은주)

2021년 4월 H 장애인 보호작업장을 방문했다. 장애인 시설은 처음이다. 작업장에 일찍 도착해서 위험요인은 없는지 살핀다. 사무용품을 생산하는 곳이라 여기저기 종이 뭉치가 보인다. 잘 정돈되어 있어 다행이다. 강의장으로 들어서는 교육 대상자에게 반갑게 인사를 건넨다. 한 여성 대상자가 "지난번에는 아줌마가 왔는데, 오늘은 아가씨가 왔네."라고 말한다. 강사는 기분이 좋다. 지난번에 왔던 강사보다 더 이쁘냐고 질문했다. "네." 합창한다. 강의장은 웃음으로 가득 찼다.

오늘 주제는 '화재 안전'이다. 작업장에서는 물론 가정에서 화재를 예방하기 위해 점검해야 할 내용을 쉽게 풀어 설명했다. 두 번째 줄에 앉은 대상자가 유독 강사에게 집중한다. 마스크를 쓰고 있음에도 드러나는 환한 미소가 느껴진다. 집중력이 좋다고 생각했다. 30분이 지나도 여전히 웃고 있다. 40대 초반 정도로 보이는 남자 대상자다. 신기하다. '누군가가 나를 이토록 오래 바라본 적이 있을까?' 어린이집, 유치원에서 만난 영유아들처럼 순수하고 천진난만한 눈빛으로 강사에게 집중하고 있다. 남자 어른이 나를 빤히 쳐다보고 있다. 그 시선이 불편하지 않다. 강사 말을 잘 들어주고, 대피훈련도 잘했다고 감사 인사를 했다. 장애인을 대상으로 하는 강의가 처음이라 강의 수준이나, 진행 방식 등 여러 요소를 고려하여 준비했다. 강의는 잘 진행되었고, 보람된 경험이었다. 교육 대상자로부터 피드백이 없을 때 강사는 불안하고 지친다. 그런 불편함이 느껴질 때, 나를 응원해 준 또 다른 대상자를 떠올린다. 그들의 격려는 내가 가진 열정과 노력이 누군가에게는 큰 도움이 된다는 것을 깨닫게 한다. 더 나은 강사가 될 수 있도록 동기 부여를 해준다.

D 노인복지관에 생명존중 교육을 다녀왔다. 어르신 대상 강의는 시간적인 여유를 더 가지고 도착한다. 경험상 어르신은 일찍 교육장에 오기 때문이다. 강의 준비가 끝났는데, 몇 분만 입장하고, 로비에 앉아 있는 어르신들이 이동하지 않는다. 담당 팀장의 설명을 듣고 상황을 파악했다. 복지관 사정으로 강의 일정을 변경했는데, 같은 시간에 생명존중 교

육과 노래 교실이 동시에 진행된다는 것이다. 어르신들은 듣고 싶은 곳으로 이동하면 된다. 강사 생활 10년에 이런 상황은 처음이다. '평균 연령이 팔십 세인 어르신들인데….' 노래 교실에 밀릴 것 같다. 강의 시작 20분 전이다. 서둘러 강의장 밖, 1층 로비로 갔다. 생명존중 내용을 알리고, 강의장으로 안내했다.

남자 어르신 세 분이 나란히 앉는다. 점심 맛있게 드셨냐는 인사에 이가 안 좋아서 제대로 못 먹는다고 한다. 걱정스러운 마음에 다른 데 불편한 곳은 없느냐고 질문했다. "내가 요새 마음이 안 좋습니다. 여기는 동네 형님이고, 여기는 동생이라. 복지관 예쁜 여자 회원들이 둘한테는 술을 한잔 사줬는데 나는 안 사주네. 이유를 모르겠어요. 그래서 요즘 내기분이 별로입니다."라고 하면서 웃는다. 왼쪽에 앉은 형님 어르신께 비결이 뭐냐고 물어보니 허허 웃기만 한다. 몇 줄 앞에는 건강해 보이는 어르신이 앉아 있다. 아흔한 살이고, 이 복지관에서 가장 나이 많으신 분이다.

어르신 네 분이 들어온다. 언제 나갔는지 술 한잔을 안 사준다며 푸념하던 분이 친구들과 함께 왔다. 노래 교실로 가는 친구를 이끌고 온 것이다. 어느새 다목적홀이 가득 찼다. 13시 20분 어르신들의 큰 박수를 받으며 강의를 시작했다.

어르신이 구수한 경상도 사투리로 툭툭 던지듯 퉁명스럽게 말했지만, 내용은 주위 분들 칭찬하는 말이다. 정작 본인 자랑은 없다. 처음 방문한 강사가 긴장할까 봐 격려해 주는 응원이었다. 진정한 어른이다. 푸르고 따스한 오월, 복지관에서 만난 유쾌하고 멋진 어르신이 강사에게 힘을 실어주었다. 어르신 대상으로 강의를 할 때 존경과 감사의 마음이 자연스럽게 더해질 것 같다. 감사의 마음을 긍정 에너지로 가득 채워 행복한 시간으로 선물해야겠다.

2010년 K 여자중학교에서 배움터 지킴이로 근무했다. 학교는 조용한 시골 마을에 있는 여자중학교와 여자고등학교가 함께 있는 곳이다. 지킴이의 업무는 학생들의 등하교를 지도하고 교내를 순찰하면서 학생들의 안전을 지키는 것이다. 일반적으로 지킴이는 퇴직 공무원이나 남자 선생님이 근무한다. K 학교는 상담실을 활성화하고, 여학생이 친근하게 다가갈 수 있는 여자 선생님을 원했다. 상담 봉사 경력을 인정받아 내가 근무하게 된 이유다. 등하굣길은 넓은 도로에서 벗어나 차 한 대가 다닐 정도의 농로를 500미터가량 걸어야 한다. 농로 양쪽은 포도밭이다. 포도 수확이 한창인 밭에서는 빛깔 좋고 탐스러운 포도가 단맛을 풍긴다. 포도나무 가로수길을 재잘대며 걸어가는 학생들의 모습이 사랑스럽고 활기차다.

텅 비어 있던 상담실은 점점 변화했다. 언제라도 환영받는 따뜻하고 편안한 공간으로 탈바꿈했다. 초겨울, 2층 상담실은 따사로운 햇살과 운동장에서 들려오는 학생들의 해맑은 웃음소리로 가득하다.

등교 지도를 마치고 상담실로 들어서는데 교감 선생님이 다급하게 말한다. "박 선생, 1학년 2반 담임이 상을 당해서 못 나온대요. 2교시가 수학인데, 박 선생이 맡아줘요. 알아서 진행해 주세요." 당황스럽다. 서둘러 모닝커피를 마시고, 주어진 과제에 집중했다. '감정 나누기'라는 주제로 정하고 교실문을 열었다. 학생들도 상황을 알고 있었다. 지킴이 선생님의 등장에 호기심을 보였다. 등하교 시간에 얘기 나누었던 몇몇 학생이 아는 체했다. 반가웠다. 학생들은 기뻤던 일에 대해 신나게 얘기했다. 슬펐던 일은 조금 망설이다가 조심스럽게 얘기했다. 대부분 13년 인생을 공유하고 있는 친구들이다. 내 일처럼 기뻐하고, 위로했다. 친구에 대해 모르는 게 많았다며, 혼자 고민했을 친구에게 미안한 마음을 전했다. 며칠 후 1학년 2반 담임 선생님이 상담실을 방문했다. 수업을 통해 학생들이 긍정적인 경험을 나눈 것에 대해 감사하다고 말했다.

　하교 지도가 끝났다고 생각하고 교문을 들어서고 있었다. 전에 수업했던 반 학생이 나오고 있다. 함께 걸었다. 〈시크릿 가든〉이라는 드라마에 대해 쉴 새 없이 이야기한다. 자신이 생각하는 드라마 전개를 펼쳐 보인다. 어느새 넓은 도로에 다다랐다. 감사하다며 90도 인사를 한다. 하교 지도하면서 이런 인사는 처음이다. "선생님, 제 얘기 들어주셔서 감사합니다. 우리 엄마는요, 드라마 못 보게 해요." 몇 걸음 걸어가더니 또 한 번 인사한다. 발걸음이 가벼워 보인다. 등·하교 지도 시간에 함께 걸으면서 학생들과 나누는 일상적인 대화가 그들에게는 큰 위안이 되었다.

'나는 전문상담 선생님도 아니다. 내가 학생들에게 해줄 수 있는 게 뭘까?' 고민하던 중이었다. 자신의 이야기를 들어주어서 감사하다는 학생의 인사가 오히려 나에게 큰 위로와 희망이 되었다. 깊은 문제는 위(Wee) 센터나 상담 전문기관에 의뢰하면 된다. 나는 나의 역할이 있을 거다. K 여자중학교 1학년 2반 학생들은 나의 첫 청중이었고, 내가 사회복지와 상담을 공부하게 된 계기를 마련해 준 친구들이다. 지금은 여러 분야에서, 건강한 사회인으로 살아가고 있을 것이다.

강의를 통해 여러 분야의 다양한 대상자를 만났다. 모든 순간이 설레고 행복했다. 대상자 역시 나를 만나는 시간이 즐거웠으면 좋겠다. 강의를 통해 그날 강의 주제에 대해 한 번 더 생각하고, 실천하는 계기가 되었으면 좋겠다. 자신을 사랑하고 다른 사람을 존중하며, 함께 건강하게 살아가면 좋겠다. 그런 행복을 주는 강사가 되어 내가 만나는 대상자에게 의미 있는 시간을 선물하고 싶다.

08

교육은 실현될 때
가치가 있다

(심규나)

2월 초, P 유치원에 가는 날이었다. 그날따라 유난히 바람이 많이 불고 공기가 차가웠다. 아이들을 만날 생각에 추위도 잊은 채 들뜬 마음으로 유치원에 들어섰다. 원장님은 밝은 미소로 나를 반겨 주셨고, 아이들이 있는 강당에 나를 안내했다. 아이들이 강사를 바라보는 눈빛은 마치 별이 쏟아지는 것 같았다. 나의 영혼도 깨끗해지는 것 같아서 좋았다. 아이들과 인사를 나누고 교육을 시작했다.

가벼운 놀이로 아이들의 시선을 집중시켰다. 정자 아기씨는 아빠가 가지고 있는 아기씨이며, 난자 아기씨는 엄마가 가지고 있는 아기씨임을 알려 주고, 두 아기씨가 만나서 아기가 만들어졌다는 것을 설명했다. 이와 함께, 태아 모형으로 개월 수별 발달 특징을 설명하고, 태동 체험, 임산부 벨트 체험, 신생아 아기 인형 안아보기를 하고 느낌을 나눴다. 나는 P 유치원 교육을 시작으로 첫 외부 강사 활동을 하였다. 이후, 수많은 유치원 어린이집 등의 유아들을 대상으로 성인지 교육, 경계 교육을 하였다. 교육 진행 과정이나 교육 후에는 기관 담당자들로부터, 교육이 유익했다는 피드백을 받았다.

초등학교 학습자들을 대상으로 한 강의 내용은 주로 성인지 교육, 양성평등 교육, 성폭력 예방 교육, 디지털 성폭력 예방 교육이다. 초등 고학년의 경우에는 2차 성징기에 대한 교육을 주로 한다. 2차 성징기의 신체적 정서적 변화에 대해 교육할 때면, 학습자들의 집중은 최상이다. 다른 주제의 강의보다도 가장 많은 질문을 받는다. 질문 내용은 이렇다. "강사님, 정자와 난자는 어떻게 만나요?", "몽정은 왜 하는 거예요?" 그리고 월경은 언제부터 하는지, 짜증이 많이 나거나, 예민해지면 사춘기 증상인지 등을 물어본다. 그리고 학습자들은 초롱초롱한 눈망울과 함께 적극적인 자세로 그들의 궁금증을 해소해 주기를 기대한다. 가끔 산만한 행동으로 강사의 관심을 유도하는 학습자도 있지만, 학습자들 다수는, "조용히 해줘! 강사님의 말을 알아듣지 못하겠어!"라고 소리쳐 말해 주며 강의 분위기를 스스로 만들어준다. 이러한 학습자들의 행동이 고맙고 대견했다. 강의를 의뢰한 보건 선생님은, 학교에서 상세하게 다루지 못하는 주제를 외부 강사가 교육해 주는 것에, 늘 감사한 마음을 전해준다. 이러한 반응은 강의에 대한 책임감과 다음 강의를 준비하는 원동력이 되었다.

어느 초록의 계절이었다. 이날은 H 초등학교 5학년 대상으로 성폭력 예방 교육이 있는 날이었다. 교육 중반쯤 서로의 경계를 존중해야 한다는 것을 알려 주기 위해, 둘씩 짝을 지어서, "손잡아도 돼?", "연필 빌려줄 수 있어?" 등 자신이 행동에 대해 상대방의 의사를 묻고, '동의'를 구하는 연습을 하고 있을 때였다. 갑자기 화재경보기가 울리기 시작했다. 학습자들은 웅성거리기 시작했다. 밖으로 뛰쳐나가는 학습자, 어떻게 해야 할지 몰라서 당황하는 학습자, 가방을 챙기는 학습자 등 모두가 정신없이 우왕좌왕했다. 강사의 지시를 기다리는 듯 멀뚱멀뚱 나를 바라보는 한 학습자와 눈이 마주쳤다. 순간, 학습자들을 향해서 "빨리 밖으로 나가세요! 운동장으로 나가야 합니다!" 라고 소리쳤다. 학습자들을 내보내고 나도 막 나가려고 하니, 교실 스피커에서 소리가 났다. 수업에 임해도 된다는 안내 방송이 나왔다. 학습자들은 풍선에 바람 빠지는 소리를 내기도 하고, 안도의 한숨을 쉬기도 하면서 자리에 앉았다. 그렇게 한바탕 소란이 있고 난 뒤 조금 전 당황하는 모습이 생각나서 우리는 모두 서로를 바라보며 큰 소리로 웃었다.

중고등학교 학습자들을 대상으로 교육하는 것은 늘 조심스럽다. 특히, 4대 폭력 예방 교육은 누구에게나 민감한 반응을 일으킬 수 있기 때문이다. 예를 들어, "거기는 왜 따라갔어?", "밤늦게 돌아다니니깐 그렇지!" 이런 질문은 가해자가 아닌 피해자에게 많이 하는 질문이다. 그리고 가해자는 여성과 남성 중 누가 더 많을까에 대한 질문을 할 때면, "강사님, 남자들만 가해자로 여기는 거 같아서 억울하다."라고 말하기도 했다. 이에 대한 답변으로, 폭력 예방 교육의 필요성과 목적을 설명하고 개인의 안전과 존중은 모두가 안전할 수 있는 사회를 만들어 가는 것임을 이해시킨다. 역으로 모두가 안전하다는 것은 나 또한 포함되기 때문이다. 그러면, 한층 편안한 분위기에서 강사에 대한 경계심을 낮추고, 자유로운 분위기에서 상호 소통하는 강의가 이루어지곤 했다. 중고등학생 학습자의 경우에는 어느 정도의 사회적 통념과 개인적인 지식으로 만들어진 본인의 가치관을 기반으로 질문하는 경우가 많기에, 더 섬세하고 부드럽게 답변해야 한다는 의무감이 있다. 그래서 그들은 내가 만나는 대상자 중에 가장 애착이 가면서도 조심스러운 대상이다.

특수학교나 통합반 학습자들을 대상으로 교육할 때면, 늘 교수법에 대한 고민을 많이 한다. 그들에게 무엇을 알려 주고자 하는지 이해시켜야 하고, 인지하게 해야 하기 때문이다. 학습자들의 특수성을 고려하여 그들이 가지고 있는 다양한 학습 스타일, 인지 능력, 사회적·정서적 요구

등을 고려해야 한다. 이와 관련, 담당 선생님들과도 사전에 논의한다. 시각적, 청각적, 인지적 자극을 주기 위해 강의와 관련된 사진, 동영상 활용 및 만들기, 놀이, 그림으로 표현하기 등의 교수법을 적용한다.

교육이 시작되면 선생님도 학습자들과 함께 참여하여 호응해 주고, 활동도 하면서 도와주는 열정을 보인다. 그러한 모습을 볼 때면 나도 남다른 사명감이 불끈 솟아나곤 한다.

어느 날 전화가 걸려 왔다. 양육자는 다급한 목소리로 거의 울부짖다시피 외친다. 진정시키면서 이유를 물었다. 양육자는, 아이가 채팅하는 사람을 만나는 것 같다고 말했다. 이와 유사한 질문은 부모 성교육을 할 때도 종종 있다. 요즘 사람들은 핸드폰을 이고 지고 산다. 그 말은 디지털 없이는 안 되는 세상이 되었다는 의미이다. 이러한 상담 의뢰가 올 때, 양육자와 자녀를 따로 교육하고 상담한다. 그 이유는 성에 대한 올바른 인식은 자녀뿐 아니라 양육자에게 더욱 필요하기 때문이다. 양육자가 성역할 고정 관념하에 이루어지는 차별과 폭력의 연결 고리를 알아야 하기 때문이다. 성폭력 예방 교육은 자녀의 인성 발달, 건강한 대인관계 형성, 사회적 통합 등 여러 측면에 도움을 줄 수 있다.

성평등과 성폭력 예방에 대한 인식을 높이는 데 기여한 안젤리나 졸리는, "성폭력을 예방하는 가장 효과적인 방법은 성평등한 사회를 만드는 것이다."라고 했다. 성폭력 예방 교육은 다양성을 존중하며 올바른 성에 대한 이해와 건강한 관계 형성을 돕는다. 이를 통해 성적인 권리와 책임, 성적인 평등과 존중, 성적 주최자로서의 결정권을 향상할 수 있다.

내가 만난 학습자들이 나의 교육을 통해 성평등을 실현하여 안전하고 건강한 성문화를 만들어 갈 수 있기를 바란다.

09

자기 격려자가
되다

(이현주)

더위가 시작될 무렵, 자연에서는 여러 가지 현상이 일어난다. 해충들의 번식도 활발해진다. 해충들은 더위를 좋아하기 때문이다. 많은 꽃들도 더위가 시작되면, 생명력을 유지하기 위해 아름답게 각자의 색으로 개화한다. 기온이 높아지면, 바람도 맑고 건강해지는 느낌이 든다. 사람들도 산과 바다를 즐겨 찾는다. 웃음과 행복이 가득해 보인다. 더위가 시작될 무렵의 자연현상은 우리 주변에서도 쉽게 관찰할 수 있다. 자연과 함께하는 시간을 보내며, 자연을 더욱더 이해하고, 사랑할 수 있는 기회가 될 수 있다. 나는 이 시기가 되면, 생각나는 사람들이 많다. 다양한 자연현상을 쉽게 볼 수 있는 것처럼 그들도 다양한 삶으로 살아간다.

웃음소리가 넘쳐나는 고등학교 교실은 언제나 에너지가 넘치는 공간이다. 전문 상담 선생님의 요청으로 학생 정서 행동 특성검사에서 평균보다 낮게 평가된 학생들에게 강의를 진행해야 한다. 학생들의 정서와 행동 특성을 평가하는 목적으로 하는 검사이다. 검사를 통해 학생들의 문제점을 파악하고, 그 문제를 해결하기 위한 대처 전략을 제시한다. 대개 학교에서 진행되며 학생들의 감정, 정서, 사고, 행동 등의 요소를 평가한다. 학생들의 건강한 성장과 발전을 돕고, 학생들의 학습 성취도를 높이려고 한다.

교실 문을 열고 들어서는 순간, 학생들의 태도, 옷차림, 눈빛만으로도 충분히 이해가 되었다. '사흘 동안 학생들과 함께하면서 흥미로운 일들이 많겠구나!' 하는 생각이 든다. 흥미로운 일들이 어떻게 진행될지 기대도 된다. 그중 한 학생이 눈에 띈다. 몸에는 그림도 그려져 있고, 말이 없다. 표현력이 부족해서가 아니라, 사람들에 대한 믿음과 신뢰가 없다. 하지만 눈이 맑은 학생이었다. 교실에 나와 함께한 학생들 대부분이 그렇다. 활동과 토론 그리고 발표로 소통을 진행해 본다. 활동에서 그림과 글로 나를 표현해 보는 시간을 가지면서, 학생을 알고 싶은 것이 아니라 이해하고 싶은 마음이 크다. 누군가에게 지지와 격려를 받지 못했고, 꿈과 비전에 대해서도 생각해 보지 못했던 아이들이다.

사흘이라는 시간이 짧지만 최대한 아이들과 공감대를 형성하면서, 몸짓으로 행동으로 자신을 표현하는 부분이 익숙한 아이들에게 말로 표현하라는 메시지를 강하게 전달해 본다. 학교를 자퇴하지 않고 졸업을 해야 한다는 강한 메시지도 함께 전달한다. 학생 정서 행동 특성검사로 낮게 평가된 학생들은 자퇴할 확률도 높다. 아이들이 고등학교 졸업이라는 공통 목표로 진행하는 시간 동안 꿈이 생기게 된다. "군인이 되고 싶은데요." 학생들이 말로 표현한다. 아이들은 익숙하지 않지만, 해보려고 시도를 하는 모습에 감동이다. 나는 아이들의 꿈과 희망을 향해 크게 소리 질러 응원한다.

오늘도 열심히 달려 사람들을 만나러 간다. 들어가는 입구부터 수월하지는 않다. 5월의 바람이 시원하지 않다. 먼지바람이 불어 달리는 차 위로 모래가 보인다. 마치 사막에 온 기분이 든다. 오늘 강의를 잘할 수 있을까? 머릿속으로 생각한다. 이런 기분은 처음이다.

오늘 만나는 친구들은 특수학교 장애인 친구들이다. 유치부부터 고등학교 친구들과 함께 교육과 상담을 진행한다. 발달장애 친구들이 대다수다. 일주일 동안 기숙을 하면서 학교생활을 하고 금요일 오후가 되면 집으로 간다. 친구들을 만나기 전까지는 힘들다는 생각이 전부였다. 그들의 모습에서 나의 열정 에너지가 작동한다. 사람은 진실성이 통한다. 바람도 먼지가 있는 공간도 오늘 강의에는 아무런 불편함이 되지 않는다.

학교 일정이 끝나고 방과 후 진행하는 두 시간 수업인데도 해맑은 모습을 보여준다. 자기표현은 잘하는 친구들이다. 목각으로 자신을 표현하고 발표하는 친구들의 모습에서 고개가 숙여진다. 서로를 위해주는 마음이다. 학습화된 훈련일 수 있지만, 자기 잘못을 인정하면서 "미안해 친구야, 많이 아프지 괜찮아?" 눈을 바라보며 표현한다.

특수교사와 지도사도 놀랍다고 한다. 아이들 표현이 이렇게 자유롭고 자기표현을 잘할 줄 몰랐다고 한다. 일 년 동안 아이들을 볼 수 있어 다행이다. 한 달에 한 번 친구들을 만나러 가는 공간이 좋다.

특수학교가 산속 깊은 곳에 있어 어둠이 빨리 오는 듯하다. 몇 회기 만나고 나니 익숙해진 사이가 되었다. 아이들 정서와 표현에 대한 강의에 집중한다. 스스로 문제를 해결할 수 있도록 역할놀이도 진행해 본다. 활동 위주로 진행하다 보니 아이들 표현이 자유로워진다. 시간이 흐를수록 가족사에 대해서도 표현한다. 자기 개방을 하는 일은 쉽지 않은 일이다. 나를 믿고 말해 주는 친구들이 고맙게 생각된다.

포크레인과 트럭을 표현하면서 계속 나와 눈을 마주친다. 중학교 2학년 친구인데 지적장애인이다. 가족을 그리워하는 친구이다. 할머니도 보고 싶고, 아빠도 보고 싶다고 한다. "빨리 커서 아빠가 되면 힘이 세지고 싶어요." 웃으면서 말한다. 곰돌이 푸우 같은 따뜻한 모습을 지닌 친구이다. 이유가 무엇인지 물었더니 된장, 고추장, 간장을 만들어야 한다고 말한다. 주말마다 집에 가면 집안일을 도와주는 착한 인성을 지닌 친구이다.

옆에서 열심히 인체 백과사전을 보고 있는 친구가 있다. 고등학교 2학년 남자 친구이다. 덩치도 크고 곱슬머리에 말이 별로 없다. 꼼꼼하고 인체에 대한 정보는 수준이 높다. 인체의 뼈, 기관을 목각으로 표현하면서 혼잣말을 한다. 나와 같이 책을 보고 싶다고 한다.

아이들이 마음의 문을 열면서 소통을 해주는 모습에 고맙기도 하고 눈물도 난다. 장애인이든 비장애인이든 진실한 마음은 통한다. 친구들은 소통하면서 따뜻하고 지지되는 말들을 건넨다. 따뜻한 공간에서 만난 친구들과의 기억은 나를 성장하게 만들어 주는 시간이었다.

더위가 시작될 무렵, 맑은 공기와 바람이 시원한 고장으로 향한다. 특수교육센터 교사와 특수교육 지도사와의 만남이다. 학부모와의 소통이라는 주제로 강의를 진행한다.

모두 장애학생들의 교육에 특화된 역할을 하는 전문가이다. 현장에서 겪는 어려움에 대해 나누면서 학부모와의 소통이 어렵다고 한다. 모든 부모들은 자식들이 소중한 존재이다. 충분히 공감하는 부분이다. 교실에서는 학습장애, 발달장애, 신체장애 아동들 모두 맞춤형 교육을 제공하면서 진행한다. 학부모들은 자녀의 상태와 교육에 대한 걱정이 많을 수 있다.

강의가 끝난 후, 장애 아동 가족 상담을 진행하면서 장애 아동 부모가 억울함을 호소한다. 서럽게 말을 하면서 눈물을 흘린다. "선생님은 비장애인 학생들 말만 들어요. 우리 아이 말은 들으려고 하지 않아요." 장애

아동 부모들의 자식을 바라보는 생각이다. 불쌍하게 바라보고 항상 학교에서 약한 존재로 생각하는 관점의 차이다. 일반 학교에서는 장애 아동과 비장애인 아동들이 함께 교육을 받는다. 부모들이 무엇을 원하고 무엇을 말하고자 하는지 조심스럽게 귀를 기울여 본다. 비장애인 아동들이 우리 아이를 괴롭혔다는 것이다. 부모들의 관점은 그렇다. 사실 아이들의 성장 발육은 모두 다르다. 그러한 과정에서 성장 발육이 늦은 아이들의 부모는 우리 아이가 맞고 다니지는 않는지 걱정을 한다.

소통을 위해서는 서로에 대한 이해와 존중이 필요하다. 부모들은 특수교사와 특수교육 지도사의 마음을 이해하며 소통하는 대화가 중요하다. 부모들이 언제든지 자신의 마음을 털어놓을 수 있는 분위기를 조성해야 한다. 마지막으로 그들의 이야기를 경청하는 것이 중요하다는 메시지를 전달하며, 맑은 공기를 마시며 달려본다.

강의하면서 다양한 사람을 만났다. 그들의 삶을 들여다보면, 자기 격려가 부족하다. 긍정적 마음으로 소통하는 데 중점을 둔다. 사람들에게 격려는 매일 호흡하는 산소처럼 생명을 유지하는 데 기본적인 요소이다. 드레이커스는 "식물에게 물이 필요하듯 사람에게는 격려가 필요하다."라고 말했다. 많은 사람들이 자기를 응원하는 힘이 부족하다고 느꼈다. 격려는 용기를 불어넣음으로써 행복을 준다. 청중에게 힘을 주는 강사가 되기 위해 오늘도 노력하는 중이다.

10

당신은
소중한 사람

(정영혜)

강의 의뢰를 받으면 강사 프로필과 강의계획서를 먼저 보낸다. 출강하기까지는 며칠의 여유가 있다. 교육 담당자와 통화를 하고 요청하는 교육 주제, 교육 목표, 연령대, 남녀 비율, 세부 사항을 파악한다. 담당자가 의뢰한 주제에 맞게 강의를 준비하면서 교육 대상자들을 상상한다. 그러면 강의 준비가 훨씬 잘된다. 교육 당일 집에서 출발할 때는 교육 대상자들을 만난다는 기대감에 무척 설렌다. 캄캄한 새벽에 집을 나설 때도 있다. 교육 1시간 전에 교육 장소에 도착해야 마음이 편하기에 여유롭게 일찍 집을 나선다. 목적지에 도착하면 강의장 위치를 확인하고 주차장이 어디 있는지 살펴본다. 강의를 마치고 나올 때 차가 나가기 쉬운 자리에 주차하고 시동을 끈다. 조용히 차 안에서 강의 자료를 한 번 더 훑어본다. 이미 USB에 저장까지 했는데도 첨가하고픈 내용이나 삭제해야 할 내용이 눈에 들어온다.

교육 장소로 이동하는 동안 '아 에 이 오 우' 목소리 풀기, 입술 풀기, 안면 근육운동, '위스키, 와이키키' 미소 연습을 한다. 도롯가에 차들을 보고 큰 소리로 혼자 강의 연습을 한다. 신호에 멈추어 서면 혹시 옆에 차에 내 목소리가 들릴까 봐 작은 소리로 연습한다. 자동차는 움직이는 사무실이다. 강의장까지 거리가 멀 때에는 일찍 집을 나서야 하는 불편함은 있지만, 대신 강의 연습이나 생각하는 시간이 생겨서 오히려 감사하다. 교육장에 도착해서 담당자의 안내에 따라 강의 준비를 하고, 첫 화면을 띄우고 음악을 튼다. 교육생을 즐겁게 맞이하기 위해서이다. 오늘은 어떤 분들을 만날까? 한 분 한 분 들어와서 자리에 앉을 때도 가슴이 두근거린다. 마치 선배가 주선하는 소개팅 장소에서 카페 문이 열릴 때마다 안 보는 척 조심히 입구를 바라보던 그때의 설렘과 비슷한 두근거림이라고 표현하면 맞을 것 같다.

오늘 교육 주제는 장애인활동지원사 선생님들의 '장애인 학대 예방 교육'이다. 장애인활동지원사는 사명감이 없으면 하기 힘든 일이다. 지원사분들의 노고와 봉사하는 마음에 감사함을 먼저 전하고 강의를 시작하였다. 교육 대상자는 20대 청년부터 70대까지 나이가 다양하였다. 강의 중간중간 질문에 답하는 분에게 미리 준비한 작은 선물을 드렸다. 꽃무늬 원피스에 단아하고 옷맵시가 예쁜 분이 여러 번 적극적으로 대답해서 선물을 드리러 가까이 갔다. 마스크를 쓰고 눈만 보이지만 모습이 예뻐서 60대 초반인 줄 알았다고 했더니 너무 좋아했다. 70대 후반인데도 장애인활동 보조사로 근무한다니 건강은 괜찮은지 물었다. 아직 끄떡없이 10년은 더 일할 수 있다고 해서 모두 박수를 보냈다.

강의가 마무리될 때쯤 우리의 모든 인연이 소중하고 감사하다는 뜻이 담긴 영상을 보았다. 부모가 아니어도 부모만큼 장애인을 돌보고 장애인들의 활동을 지원하는 일은 서로가 귀한 인연이기에 가능하다. 누군가의 자식을 돌보고 부모님을 돌보고 있기에 만남의 소중한 메시지를 전한다. 이 영상을 보면서 자신이 하는 일을 더 사랑하게 되고 무엇보다 자신이 가장 소중하다는 걸 알았다고 한다.

장애인활동지원사 선생님들 130명이 이번 교육에 참석하였다. 영상을 보는 중간에 눈물을 훔치는 사람이 몇 명 있었는데, 어깨를 들썩이며 많이 울고 있는 젊은 여자분이 특히 눈에 들어왔다. 무대 아래로 내려가 조용히 벽 쪽으로 서 있다가 영상이 끝나자 다가가서 왜 이렇게 많이 우느냐고 물었다. 한 달 전 소천하신 친정아버지 생각에 눈물이 난다고 했다. 장애인활동지원사로 근무하면서 내 아버지를 자주 찾아뵙지 못했고 더 잘해드리지 못한 것 같아서 마음이 무척 아프다고 했다. 세상 모든 자식은 부모님을 떠나보내고 난 뒤에 후회하는 분이 많다. 나 역시 그랬다. 부모님을 보내고 시간이 흐를수록 못해 드린 것, 아쉬운 것만 생각났다. 울고 있는 그분에게 준비한 선물 중에 가장 비싼 선물을 조용히 전해드리고 무대 위로 올라왔다. 강의 중에 짧게나마 교육 대상자에게 위안을 줄 수 있어서 고마운 시간이었다.

한 달 전, 창원시 진해구 어린이집 연합회 부모교육을 다녀왔다. 강의 중에 부모님이 나오는 영상을 보면 학부모 대부분 눈시울이 붉어진다. 우리는 부모님의 귀한 자식이었고 그 아이가 성장해서 부모가 되었다. 모든 교육 대상자는 부모로부터 태어났기에 부모와 가족을 생각하는 마음은 모두 한결같다. 부모교육 현장에서 젊은 세대 엄마들은 자신들의 부모님 이야기가 나오면 눈물을 짓는다. 결혼한 후 씩씩하게 아이들 잘 키우는 것처럼 보이지만, 엄마가 처음이기에 힘든 점이 많다고 한다. 부모님이 걱정할까 봐 자신의 마음을 쉽게 내보이고 싶어 하지 않을 뿐이다.

사실은 힘들어서 실컷 울고 싶은데도 참는 것이다. 그러다가 부모교육에 와서 그 마음을 읽어주면 모두 펑펑 운다. 힘들다는 걸 알아주는 강사의 말에 참았던 울음이 터져버린다. 부모님 관련 영상을 보면서 실컷 울고 난 후에, 우리는 어떤 부모가 되어야 할지를 이야기 나눈다. 울고 웃다가 강의를 마치면 무대 앞으로 나와서 함께 사진 찍자고 하는 어머니도 있다. 친정엄마처럼 푸근하게 느껴져서일까? 어쨌든 기분이 좋았다.

강의장에서 만난 사람들은 위로가 필요하다. 아이부터 할머니, 할아버지까지 유치원에서 어린이집에서 다양한 사람을 만나보아서인지 그분들의 마음을 헤아리는 일이 습관이 되었다. 강의장에서 만나는 분들을 위로하고 칭찬하는 것이, 마음에서 저절로 우러나온다. 일하면서 나이 든다는 것이 결코 나쁜 것은 아닌가 보다. 어떤 경험도 가치 없는 일은 없는 듯하다. 아이들과 함께 지낸 시간이 강사가 되어 만나는 분들에게 위로와 용기를 줄 수 있어서 기쁘고 보람 있다.

이번 달 초, 나흘 동안 U시 동부경찰서에 '자살 예방 교육'을 갔었다. 교육 일정이 4일인 이유는 경찰업무 상 주간, 야간 교대근무다 보니 편안한 날짜에 교육을 들을 수 있도록 배려한 것이었다. 교육 시간은 오전 9시부터 한 시간이었다. 아침 9시가 근무교대 시간이다 보니, 출근하는 분 퇴근하는 분이 자연스럽게 섞여 하루 70명 정도가 참석했다. 나흘 동안 강의를 하면서 다른 강의에서는 느껴보지 못한 묘한 기분이 들었다. 강사를 보고 집중은 하는데 듣기만 할 뿐 반응이 거의 없었다. "소통은 리액션이다."라고 하는데 고개를 끄덕이거나, 대답하거나, 질문을 하거나 어떠한 소통도 없었다. 일방적으로 설명식 강의를 할 수밖에 없었다.

강의 전날 김규인 회장님에게서 격려차 전화가 왔다. "우리 협회장님 소원이 경찰관들 웃기는 거라고 강의 때 말하세요. 강의 힘드실 거예요." 그분들의 눈빛에 주눅이 들었을까? 나흘 동안 차마 그 말을 하지 못했다. 반응 없는 강의가 하루 이틀 시간이 지날수록 회장님이 한 그 말의 의미를 이해할 수 있었다. 4일은 무척 길게 느껴졌다. 매일 스팟을 바꾸고 강의력도 바꾸어보았지만, 말로는 설명하기 어려운 그 눈빛은 신기하게 똑같았다. 평소 강의 때와 달랐다. 리액션 없는 강의를 나흘 아침마다 강의한 결과 나는 무능한 강사가 되어버렸다. 다른 강의를 하러 갈 자신이 없어졌다. 제복 입은 여자 과장님이 강의 잘한다고 엄지척을 해 주었다. 다행히 그분의 한마디에 숨을 제대로 쉴 수 있었고 나흘간의 교육을 잘 마무리할 수 있었다.

자존감의 사전적 정의는 스스로 품위를 지키고 자신을 존중하는 마음을 뜻한다. 강의를 다니면서 많은 사람을 만났다. 그중에는 자신이 얼마나 소중한지 깨닫지 못하는 사람이 많았다. 강사 활동을 하면서 그들에게 '당신은 소중한 사람'이라는 메시지를 꼭 전해주고 싶다.

다음 주는 시니어 일자리 어르신 교육이다. 어르신들의 자존감을 높일 수 있는 강의안을 준비 중이다. 점심 식사 후 두 시부터 교육이어서 간단한 체조로 강의를 시작하려고 한다. 동작을 익혀야 한다. 거실에 있는 남편에게 음악 소리가 들릴까 봐 조용히 방문을 닫고 연습을 시작한다. 다음 주는 어떤 분들을 만날지 기대가 된다.

4장

강사의
비전

The heyday of the instructor

명강사로 나아가는
성공의 길

(권은예)

고등학교 때 '20년 후의 나의 자화상'이라는 제목으로 글을 쓴 적이 있다. 아련히 떠오른다. 주인공은 의사, 그것도 산부인과 교수였다. 나는 안마를 잘하는 편이다. 친정엄마를 닮았다. 어린 시절 동네 사람들이 아프면 엄마를 찾았다. 혈점을 잘 짚었다. 따로 배운 적도 없다. 그런데도 나 역시 혈점을 잘 찾는다. 얼마 전 친구들과 모임에서 "고등학교 때 내 꿈이 의사였더라."라고 말을 한 적이 있다. 그러자 친구들은 "은예야! 의사 맞네. 넌 우리 몸 만져보면 어디가 뭉쳤는지 잘 찾잖아."라고 말한다. 산부인과 의사의 꿈은 이루지 못했다. 하지만 30여 년이 지난 지금, 강사라는 또 다른 꿈을 향해 달려가고 있다.

한때 〈예경교육원〉이라는 사업체를 낸 적이 있다. 부푼 꿈을 안고 뜻을 함께 나눴다. 동생과 서로의 이름 한 자씩을 넣어 만든 곳이다. 강의도 하고 관련된 강사 양성과정도 진행할 목적이었다. 대학원은 달랐지만 사회복지학을 전공하며 같은 곳을 바라보았다. 뜻이 맞는 동지였다. 〈평택시사회복지협의회〉 양성과정에서 만났다. 시연을 거치고 강사 활동을 함께 했다. 시간 가리지 않고 교구도 제작했다. 강의도 함께 다녔다. 그렇게 꿈을 향해 한 발짝씩 나아갔다.

사람 일은 한 치 앞도 내다볼 수 없다는 게 맞는 걸까? 동생이 좋은 것을 보여 준다고 오라고 했다. 여러 사람이 있었다. 생리대에 붉은 물을 부어 보여줬다. 난생처음 봤다. 신기했다. 시중에 있는 제품들과 BS사 생리대의 비교 시연! 기존 제품들은 쓰레기처럼 보였다. 다단계 하는 사람들은 말도 잘한다. 모두 말 재주꾼이다. 친한 동생이 적극적으로 홍보를 하니 더 믿음이 갔다. 열정적으로 뛰어들었다. 내 귀는 팔랑귀, 거절 못 하는 성격이 문제다. 처음으로 빠져든 다단계였다. 난 그렇게 사장님이 되었다. 시키는 대로 하라는 대로 무조건 했다. 성공으로 가는 길이라 했다. 믿었다. 교육 강사가 되기 위한 트레이닝도 시켰다. '우리'라는 이름으로 모든 것을 함께 만들어 나갔다.

갑자기 회사 홈페이지가 사라졌다. 다단계 사기였다. 둘이서 꿈꿨던 삶은 무너졌다. 살아가면서 유혹에 빠지는 경우는 많다. 파이프라인을 만들어 놓으라는 유혹! 우리 둘은 아니, 모두가 말려들었다. 그곳에서 말하는 것처럼 잘될 줄 알았다. 탄탄대로일 것 같았다. 부와 성공 둘 다 이룰 수 있다는 말! 모두가 거짓이었다. 또 그렇게 운명은 내 편이 아니었다. 경험이라고 말하기엔 출혈이 너무 컸다. 센터까지 차렸던 동생은 더 바닥을 쳤다. 동생이 꿈꿨던 박사학위, 강사의 길, 교수님의 꿈도 사라졌다. 내게 미안하다는 말을 했다. 함께 잘살아 보자고 한 것이었음을 안다. 괜찮다고 했지만 사실은 괜찮지 않았다. 웃지만 웃는 게 아니었다. 자존감은 먼 나라 얘기다. 엄청난 열등감만 남긴 채 파이프라인 이야기는 끝이 난다. 가끔씩 생각한다. '만약에 그 길을 선택하지 않았더라면 어떻게 되었을까?'라고 말이다.

대학원에서 사회복지학을 전공했다. 아동 · 청소년을 대상으로 복지 교육을 했다. 모두가 행복한 세상을 만들어 가는 것이 사회복지이다. 그런데 나는 행복하지 않았다. 아들의 자살 시도 사건으로 힘든 시간을 보냈다. 중1 겨울! 그해는 유난히 추웠다. 아들이 친구들과 놀러 나갔다. 재미있게 놀고 있다고 했다. 저녁 먹기 전에는 들어온다고 했다. "엄마! 친구들이랑 버스 타려고 기다리고 있어. 금방 갈게." 저녁을 차려놓고 한참을 기다렸다. 집에 도착하고도 남을 시간이다. 전화를 했다. 받지 않았다. 같이 놀았던 친구한테 전화를 했다. 다들 집에 들어와 있었다. '전화를 왜 안 받지?' 시간이 지날수록 나쁜 생각이 들었다. 계속 전화를 걸었다. 드디어 아들은 전화를 받았다. 목소리가 이상했다. 힘이 하나도 없었다. "아들! 지금 어디야? 왜 안 오니?" 우는 목소리가 들렸다. "엄마! 추워. 나 꼼짝 할 수가 없어. 친할머니 만나러 갈래." 전화가 끊겼다. 심장이 덜컥 내려앉았다. 친할머니는 얼마 전에 돌아가셨다. 무작정 찾아 나갈 수도 없는 상황이었다. 다급해졌다. 아들 친구에게 또 전화를 걸었다. 무슨 일이 있었는지 물었다. 사소한 오해가 있었고, 아들에게 욕을 했다고 했다. 그런데 아들에게는 죽고 싶을 만큼 충격적이었던 것이다. 수십 번의 통화 끝에 아들이 집에 왔다. 온몸이 꽁꽁 얼어 있었다. 금방이라도 죽을 것만 같았다. 산송장이나 다름없어 보였다. 이불을 덮어주고 주물렀다. 살려야 했다. 그땐 몰랐다. 생사를 넘나들 수많은 일이 기다리고 있다는 것을 말이다. 수없이 울었다. 지켜보는 것이 힘들었다. 함께 죽으려고도 했다. 막내딸 때문에 죽을 수도 없었다. 다시 살아보기로 했다. 한때는 욕심도 많았다. 좋은 대학, 좋은 직장에 가기를 바랐다. 다 부질없다. 내 옆에 살아 있어 주기만을 기도했다. 아들이 잘 이겨내 주었다. 눈물이 난다. 기쁨과 감사의 눈물이다. 우연찮게 〈국민강사교육협회〉에서 주관하는 '자살 예방 교육' 특강을 들었다. 아들로 인해 평소에 관심을 가졌던 분야였다. 사명감을 갖고 사람 살리는 일을 해야겠다고 다짐했다. 결국 자격증을 땄고, 자살 예방 교육 전문 강사가 되었다.

〈국민강사교육협회〉는 다양한 기회를 준다. 자격과정을 통해 또 재교육을 통해 역량을 키워주는 곳이다. 기회가 왔다. 학교가 아닌 기업체에 발을 들여놓을 수 있게 되었다. 이번 교육은 직장예절, 비즈니스 매너 교육이다. 강의장에 일찍 도착했다. 담당자분이 친절하게 대해 주셨다. 높으신 분들과 강의 전에 인사도 나누게 되었다. 명함도 주고받았다. 강의장 분위기에 금방 적응했다. 코로나로 마스크를 끼고 진행을 해야 한다. "미소가 아름다운 강사 권은예입니다."라고 인사를 했다. 웃는 모습을 보여달라고 했다. 살짝 마스크를 벗고 활짝 웃어드렸다. 긴장되고 떨릴 줄 알았다. "미소가 예쁜가요?" 천연덕스럽게 멘트도 날렸다. '나라는 사람이 청중 앞에서는 떨지 않는구나!' 스스로에게 놀랐다. 강의가 끝나고 직원 한 분이 "강사님! 강의 너무 좋았어요. 감사합니다."라고 엄지척을 해주셨다. 자신감이 생겼다. 기업체든 어디든 잘해낼 수 있다는 용기와 희망을 가졌다. 수많은 경험을 한 나! 희로애락 뒤에 깨달음을 얻었다. 떨어진 자존감, 자격지심에 미리 포기하지 않겠다. 강사로 가는 길에 더 이상은 방해물이 없길 바라본다.

나는 어떤 강사가 되고 싶은가? 끊임없이 고민하면서 강사의 길을 가는 이유는 뭘까? 좋은 강사가 되고 싶다. 인정받는 강사, 사랑받는 강사가 되고 싶다. 명강사가 되고 싶다. 그러려면 어떻게 해야 할까? 좋은 강사가 되기 위해서는 명확하고 구체적인 비전을 가져야 한다. 비전은 강사가 가진 역량, 지식 등을 토대로 구체적이고 명확한 목표를 설정하고, 이를 달성하기 위한 계획과 전략을 수립하는 것이다. 강사로서의 나! 산전수전 다 겪었다. 많이 아팠다. 돈 주고도 못 사는 값진 경험이었다고 생각한다. 이제부터 그것들을 밑천 삼아 꿋꿋하게 한길로 나아가야 한다.

사람들에게 꿈을 심어주는 희망 강사! 감동과 울림을 주는 공감 강사! 편안함을 주는 소통 강사! 이것이 내가 이루고자 하는 명강사의 길이다. 성공! 오늘도 그 길을 향해 걷는다.

일상이
이상이 되게 하라!

(김규인)

〈나쁜 엄마〉 왜 나쁜 엄마일까? 궁금했다. 우연히 보게 된 드라마다. 정확한 스토리는 잘 모르겠다. 검사로 성공한 아들이 어느 날 교통사고로 인해 장애인이 되었다. 7세 지능으로 돌아간 아들을 간호하며 다시 일으키기 위해 안간힘을 쓰는 엄마. 그 엄마는 남편 없이 홀로 돼지농장을 하면서 아들을 키웠다. 돼지에 대해 모르는 게 없는 전문가 같았다. 한 장면이 기억에 남는다. 휠체어에서 넘어진 아들을 일으키지 않고 스스로 일어나 보라고 호통을 쳤다. 그리고 다시 자상한 엄마로 돌아가서 하는 말.

"돼지는 하늘을 볼 수 없단다. 고개를 들 수 없기 때문이지. 유일하게 하늘을 볼 수 있고, 다른 세상을 볼 수 있는 방법은 넘어졌을 때란다. 우리도 지금 돼지처럼 넘어진 거야. 다른 좋은 세상을 보려고."

그 장면을 보면서 내 직업이 떠올랐다. 강사도 때론 넘어질 때가 있다. 뜻대로 잘 안 되거나, 회의감이 들 때, 슬럼프에 빠졌을 때 등. 수없이 넘어지고 일어서고를 반복하며 성장한다. 넘어져 봐야 비로소 하늘이 보이고 다른 세상이 보이고, 깨달음을 얻는 직업. 그러면서 변화와 성장을 할 수 있는 직업. 나는 내 직업을 사랑한다. 많이 넘어져 봤기 때문에 여기까지 올 수 있었다.

며칠 전 일이다. 친분이 있는 강사 한 분과 두 시간가량 통화했다. 강사 일에 대해 이런저런 이야기를 하는데 그 강사는 자신의 직업에 대한 불안감을 호소했다. "제가 과연 이 일을 얼마나 할 수 있을까요?" 강사 경력 10년이 넘고 40대 초반이다. 깜짝 놀랐다. 50대 중반인 나도 그런 생각을 해본 적이 한 번도 없었는데 이상했다. 강사의 비전, 강사가 해야 할 일 등 내 생각을 말했다. 나눈 이야기 중에서 '강사'라는 직업이 얼마나 좋은지 몇 가지 정리해 보겠다.

첫째, 정년퇴직이 없다. 강사라는 직업은 다른 직업과는 달리 시작과 끝이 없는 직업이다. 연령 제한이 없기 때문이다. 강의를 요청하는 기관에 따라 좀 다르긴 하지만 자신의 콘텐츠가 확실하다면 죽을 때까지 할 수 있는 일이다. 내가 알고 있는 강사 중에서 가장 고령인 이보규 교수님은 올해 83세임에도 전국을 오가시며 연봉 1억이 넘는 인기 강사다. 교육 대상자들이 필요로 한다면 나이와 상관없이 언제, 어디든 갈 수 있어야 하는 게 강사라는 직업이다. 내가 죽는 날이 정년퇴직이다.

둘째, 노력한 만큼 대가가 따라온다. 직장인들 대부분 한 달에 한 번 급여를 받는다. 강사는 그런 시스템은 없지만 얼마만큼 활동하느냐에 따라 수입이 결정된다. 얼마나 솔직한 직업인가. 자신이 땀 흘린 만큼 벌 수 있는 직업. 강의 분야에 따라 강사 역량에 따라 강사료가 다르기는 해도 한 달에 한두 번 강의하는 강사와 매일 강의하는 강사, 꾸준한 활동을 하는 강사는 분명 수입에서 차이가 난다. 강사 생활 8년째. 쉼 없이 달려왔다. 처음에 용돈벌이 정도였던 수입이 지금은 매월 700만 원에서 천만 원 이상 된다. 내가 흘린 땀의 결실이다.

셋째, 사람들을 돕는 일이다. 강사가 강의 준비부터 강의 마무리까지 어떤 마음 자세로 하는지 중요하다. 자신이 왜 강사가 되었고, 강의하는지 알아야 한다. 어떤 강의 분야든 분명한 사실은 사람들에게 도움을 주는 일이다. 강사의 말 한마디가 누군가를 살릴 수도 있고, 한 줄기 희망의 끈이 될 수도 있다. 다양한 분야의 사람을 만나고 있다. 그들에게 어떤 도움을 줄 수 있을까 항상 연구했다. 직종에 따라, 연령에 따라, 성별에 따라 그들에게 주고 싶은 메시지 전달. 눈빛으로 또는 강의 평가로 알 수 있었던 사실. 개인과 가정과 사회와 국가를 돕는 일을 하고 있음에 자부심을 느꼈던 적이 셀 수 없다.

넷째, 나의 꿈이 또 다른 이에게 꿈이 된다. 20대 후반부터 꿈꾸었던 나의 삶. 강사가 되고 싶었고, 꿈을 이루었다. 아직 내가 원하는 목표 지점까지 한참 올라가야 한다. 인재를 발굴하고 양성하는 과정에서 내 꿈은 다른 강사들에게 꿈이 되고 있다. 나를 롤모델로 정하고 나를 닮고 싶어 하는 강사들을 보면서, 내 꿈이 다른 이들에게 꿈이 되고 있다는 사실에 행복하다.

다섯째, 전문가가 될 수 있다. 다양한 강의 분야로 활동하고 있다. 나의 전문성을 찾아가는 중이다. 내가 잘하는 것이 무엇인지, 어떤 사람들을 만나 어떤 강의를 할 때 가장 행복한지 정확하게 선을 그을 수는 없다. 그냥 강의하는 게 좋다. 사람들 만나는 게 좋다. 나로 인해 변화되는 삶, 보다 나은 행복한 삶을 살 수 있는 방법을 전하고 싶다. 매일 탑을 쌓다 보면 한 분야에 전문가가 될 수 있지 않을까.

나의 콘텐츠가 브랜드가 되고 전문성을 인정받을 수 있는 강사. 자기계발은 물론, 공부와 연구를 반복하여 내가 아는 지식과 지혜를 나누는 삶. 이보다 좋은 직업이 있을까. 자신의 직업에 자긍심을 가지고 세상을 이롭게 한다는 마음이 중요하다. 미래에 대한 두려움으로 현재에 만족하지 못했던 그 강사와의 대화에서 나는 또 꿈을 심어 주었다.

"엄마! 빨리 일어나! 큰일 났어! 바퀴벌레가 나타났어!" 지난 일요일

낮. 단잠을 자는 나에게 딸 진이가 흔들어 깨웠다. 눈이 번쩍 뜨였다. 깜짝 놀랐다. 나름 깨끗한 집이라고 생각했는데 감히 바퀴벌레가! 화들짝 놀라 어디 있느냐는 질문에 진이는 거실 바닥을 가리켰다. 종이컵이 보였다. 엄청나게 큰 바퀴벌레인데 일단 기절시켰다고 했다. 죽었는지 살았는지 모를 바퀴벌레. 내 나이 정도면 맨손으로도 벌레를 죽일 수 있는 강심장이어야 하는데 아직도 벌레는 무섭다. 나보다 더 무서워하는 진이가 바퀴벌레를 잡았다니, 의아했다. 왼손에는 책 한 권 들고, 오른손에는 휴지를 친친 감아서 들었다. 간이 콩알만 해진 것 같았다. 조심조심 엎어진 종이컵 주변으로 갔다. 이놈이 살았으면 어떡하지 두려움이 있었지만 그래도 처리해야 했다. 조심조심 종이컵을 살짝 들었다. 앗! 이게 뭐야! 갈색 포장이 된 초콜릿 사탕 세 개가 우르르 나왔다. 바로 진이에게 달려가 등짝 스매싱을 날렸다. 눈으로 욕도 했다. "엄마가 한 시간만 잔다고 해놓고 안 일어나니까 그러잖아!" 거실 탁자에 노트북을 켜놓은 채 잠든 나를 보고 하던 일이 마무리되지 않은 것 같은 예감을 했던 진이의 아이디어였다. 바퀴벌레가 아니어서 다행이었다. 진이의 사랑스럽고 귀여운 그 행동이 어찌나 흐뭇하고 예쁘든지 계속 웃음이 나왔다. 강의하러 가면 이 이야기를 사람들에게 꼭 들려주고 싶다.

현관문을 향해 우리 집 강아지 나대기가 짖어댄다. 택배가 왔나 보다. 현관문을 열고 겹겹이 쌓인 택배를 몇 차례 집 안으로 옮겼다. 스승의 날이라고 강사들이 보내준 선물, 내가 주문한 생필품 등. 하얀 스티로폼 박스를 먼저 뜯었다. 상할 수 있는 음식이 분명하다. 태백에 사는 작은오빠네 집 주소다. 비닐 지퍼백에 담긴 포장을 하나하나 뜯었다. 참기름 냄새에 군침이 돌았다. 손가락으로 조금씩 집어 맛을 보며 그릇에 옮겨 담았다. 물김치, 나물 반찬, 마른 반찬 등. 비닐에 꽁꽁 묶고 아이스 팩을 몇 개나 넣어 정성껏 포장된 박스. 올케언니와 오빠가 텃밭에서 기른 채소며 산에서 직접 캔 산나물로 만든 반찬이 잔뜩 들어 있었다. 세상에나! 이 많은 반찬을 만든 시간과 땀. 올케언니의 노력과 예쁜 마음이 고스란히 전해졌다. 가슴이 뭉클하며 눈물이 핑 돌았다. 바빠서 밥도 못 챙겨 먹을까 봐 항상 걱정하는 언니와 오빠. 엄마의 손맛을 그대로 닮은 언니의 손맛. 언니표 음식. 내가 흉내 낼 수 없는 맛. 같은 재료가 있어도 요리하는 사람에 따라 맛은 다르다. 그 사람만의 손맛과 레시피의 비밀은 따라갈 수 없다. 바로 이거다. 강사도 자신만의 색깔로, 자신만의 강의, 자신만의 맛을 낼 줄 알아야 한다. 이렇게 또 한 가지 배운다.

강의. 강사. 나와 연결되는 단어다. 전문적인 지식 전달만이 강의는 아닐 것이다. 그냥 사람 살아가는 이야기. 우리들의 일상. 쉽게 공감할 수 있는 이야기. 이런 일상이 우리에게 얼마나 많은 행복을 안겨주고 감사한 일인지 나누고 싶다. 일상이 일상으로 끝나지 않는 이상이 되는 것! 내가 숨 쉬는 이야기, 보고 듣고 깨닫는 이야기, 사람들이 궁금해하는 이야기, 사람들이 듣고 싶은 말. 일상에서 메시지를 찾고 웃음과 감동을 전하는 강사. 나만의 색깔을 찾아서 누군가에게 희망의 끈이 되고, 희망의 씨앗이 되는 강사. 나의 소소한 행복. 이런 일상을 전하려 한다. 일상이 이상(理想)이 되게 하는 강사. 나의 비전이다.

03

꿈꾸는 대로
비전을 향하다

(김영애)

학창 시절 꿈이 선생님이라 대학 졸업 후 이루기 위해 무단히 노력했다. 학습지 회사의 15년 경력이 밑바탕이 되었다. 그 당시 유치원생, 초등생들을 흥미롭게 해주기 위해 동화 구연도 했다. 재미와 흥미를 주기 위해 노력한 것이 지금 생각해 보면 오프닝 멘트였다. 방과후 강사로 활동을 하기 위해 학교마다 이력서와 프로필을 제출했다. 직접 방문했다. 이벤트로 풍선 장식을 하러 다니며 학교 선생님들이 고객이 되었다. 학교 선생님들이 방과 후 소개를 많이 해 주었다. 수업은 점차 많아졌다.

교육청에서 풍선아트 순회강사를 뽑았다. 지원했다. 합격하여 보령시에 있는 학교 돌봄교실 대상의 아이들에게 풍선아트 강의를 시작했다. 저학년 아이들이라 펌프 사용 방법, 요술 풍선 부는 방법을 가르쳐 주었다. 풍선으로 강아지 만드는 법을 알려주었다. 그 당시엔 풍선을 접하지 않았던 아이들이라 신기해했다. 처음 방과후 수업을 풍선으로 정해 배운 것을 다시 복습할 수 있는 시간이었다. 풍선을 다루는 실력이 점차 좋아졌다. 초등학교 선생님의 소개로 남자 중학교 강의도 연결됐다. 남학생들이 열심히 따라 했다. 풍선을 배워 여자친구에게 만들어 주고 싶다고 하트 만드는 방법도 물었다. 중학교 수업은 요술 풍선으로 조금 어렵게 만드는 방법으로 제시해 주었다. 라운드 풍선으로 이벤트 할 때 사용하는 장식도 알려주며 나만의 커리큘럼이 완성됐다.

학생, 취미반으로 활용 가능한 3급 자격증반을 개설했다. 풍선 수업을 처음 하면서 커리큘럼의 시행착오가 있었다. 수강생 입장을 생각하기보다 내 위주로 선택해서 수업을 진행했다. 그 결과 수강생들이 상담을 원했고 실용적인 것을 요청해 커리큘럼을 수정했다. 사람들에게 꼬리 있는 풍선, 도넛 풍선 등 다양한 모양의 것으로 활용해 주었다. 모두가 즐겁게 배웠다. 응용도 제법 잘했다. 풍선의 다양한 활용 방법들을 알아갔다. 그다음의 과정도 궁금해했다. 자연스럽게 2급 과정으로 연결됐다. 더 난이도 있는 커리큘럼으로 준비했다. 요술풍선도 어려운 작품으로 골랐다. 라운드 풍선으로 매장에 아치도 설치해 보았다. 아치는 오픈 매장을 알리기 위해 뽈대에 풍선을 다양한 모양으로 엮어 만든 홍보용 전시물을 말한다. 난이도가 올라가니 점점 더 관심들이 높아져갔다. 이 과정을 마치고 어떤 이는 이벤트 매장을 오픈해 사업을 하고 어떤 이들은 학교에서 학생들에게 가르치며 배운 것을 활용했다. 보령에 풍선을 알리는 데 큰 역할을 했다. 사람들이 매장에 많이 찾아왔다. 풍선 강사로 이벤트 사업으로 매장을 확장해 나갔다.

내가 풍선을 배우고 사업을 하며 꿈을 꾼 게 있다. 우리나라에서는 소외된 시설에 찾아가 정기적인 생일파티를 멋지게 꾸며주고 싶다. 사진 찍어주고 웃음을 전해주며 의미 있는 생일을 만들어주고 싶다. 그 기억이 더 열심히 살아가도록 힘이 되길 바란다. 풍선 하나가 사람의 마음을 따뜻하게 한다. 남을 더 소중하게 여기는 삶으로 보답하며 살고 싶다.
또, 외국에 나가 어렵고 힘든 나라의 어린이들에게 재능 기부의 시간을 보내고 싶다. 풍선을 가르쳐 주고 풍선으로 파티도 하고, 지금까지 한 번도 해보지 못한 것을 선물로 전해주고 싶다. 끼니 챙기기도 버거운 어린이들이지만, 다양한 분야에서 필요한 인재로 자라도록 돕고 싶다. 꼭 실천에 옮기도록 노력할 것이다. 내 말이 열매가 되어 축복의 통로가 되었으면 좋겠다.

따뜻한 봄 3월 입학식 하고 얼마 안 돼서 A 기계공업고등학교에서 취업박람회를 개최했다. 난 그 학교의 행사 진행을 담당했다. 이벤트 부스도 맡아 다양한 이벤트를 아이디어로 제시했다. 학생들이 오면 대형 윷을 이용한 윷놀이를 팀을 나눠 진행했다. 학생들이 승리의 열정을 갖고 적극적으로 참여해 주었다.

다트게임도 해서 나오는 대로 벌칙도 했다. 모두가 오늘만큼은 즐겁게 즐겼다. 전라북도에 있는 인근 특성화 고등학교 학생들도 많이 왔다. 관심 있어 하는 회사도 많이 지원했다. 회사에 근무하는 직원들이 직접 상담도 해주고 취업으로 연결되는 조건들도 상세히 설명해 주었다. 부스가 50여 개 있어 많은 학생들이 관심 분야에 맞게 찾아갈 수 있게 했다. 방문한 곳에 스탬프를 찍어 다섯 개마다 포인트를 받으면 다양한 간식으로 이벤트도 실시했다. 학생들의 참여도를 적극적으로 이끌어주는 의미 있는 시간이 되었다.

아침 8시부터 시작하여 오후 4시까지의 모든 일정은 무사히 잘 마쳤다. 온종일 말을 해야 해서 힘들긴 했지만, 하루를 의미 있게 마무리했다. 특성화 고등학교 대상으로 진로 컨설팅을 하고 싶다. 진로캠프, 취업캠프 등 다양한 방법을 계획하고 추진하는 프로그램 담당자가 되고 싶다. 우리나라를 이끌어 갈 인재들을 일찍 육성하여 회사에 취업하도록 도움을 주고 싶다. 꾸준히 함께 만들어 가는 육성 아이템을 꿈꾸고 있다. 한 명을 잘 키우면 천 명이 되는 가족을 회사가 만들어 가듯, 글로벌 리더의 마인드를 갖게 해주고 싶다.

아침 일찍부터 열심히 준비하고 고속도로 달리는 기분은 설렘 그 자체다. 봄이 오면 만물이 소생하는 기운 속에 푸르름에 눈이 행복하다. 경기도 평택에 도착했다. 그 지역은 회사들이 밀집된 큐브 모양의 건물이다. 건물 바로 앞이 주차장 겸 회사다. 8층까지 달팽이처럼 돌고 돌아 도착했다. 마스크 만드는 회사였다. 그 회사의 방문 목적은 지역자활센터에서 교육을 지원해 주는 퍼스널 컬러 강의였다. 열두 명의 직원들이었다. 나이는 50대에서 60대가 주였다. 40대는 소수였다. 일찍 도착해 강의 준비하고 오시는 직원들을 반갑게 맞이했다. 강의를 시작했다. 소소한 이야기로 첫 만남을 스몰토크 방식으로 진행했다. 반응이 없었다. 자존감이 많이 위축된 모습들이었다. 그래서 한바탕 웃을 수 있게 서로 이야기를 나누며 진행했다. 웅성웅성했다. 마음이 살짝 열렸다. 퍼스널 컬러에 대해 강의했다. 얼굴에 화장하고 온 사람, 전혀 신경 쓰지 않고 온 사람, 남자 두 명, 뭔가 튀는 사람들이 있었다. 거의 혼자 산다고 했다. 첫 만남에 내 이름 명판 만들기를 했다. 매직으로 다양하게 꾸미고 내가 좋아하는 색깔로 이름을 썼다. 어떤 사람은 색깔을 다양하게 사용하고 어떤 사람은 검정만 썼다. 옷도 검정, 흰색만 입는다고 소신껏 말했다. 색깔로 심리 부분도 풀어주고 내 피부에 맞는 톤도 자가진단 했다. 직접 원단을 걸쳐 보고 내게 어울리는 색깔을 알아봤다. 검정만 선호하는 사람도 의외로 밝은 색도 잘 어울렸다. 웜톤, 쿨톤을 알아보고 나에게 맞는 색깔이 나왔다. 젊었을 때 어울렸던 색깔을 나이 들면서 잊어버리고 살았는데 다시 찾아야겠다는 사람도 있었다. 모두가 자존감이 서서히 일어났다. 얼굴 꾸밀 필요성을 못 느낀다고 했다. 그래서 화장 전후를 보여 주었다. 그 후 메이크업도 다시 하고 나한테 어울리는 색 찾기 프로젝트 시작되었다. 밝은 색을 걸쳐보니 기분이 좋아졌다고 했다. 얼굴을 이제라도 꾸미고 다녀야겠다며 모두가 즐거워했다. 세 시간의 강의는 즐겁게 마치고 단체사진도 찍었다.

　탄탄한 강사로 준비할 것이다. 우리나라 전국을 누비며 많은 사람에게 희망의 통로로 역할을 즐겁게 하고 싶다. 대상을 누구를 만나도 강의가 가능한 사람이 되고 싶다. 다양한 대상의 리더십, 커뮤니케이션 소통 교육에 전문가가 될 것이다. 지역자활센터의 대상자들에게 희망을 전해 주고 싶다. 지금까지 사람들과의 만남은 즐거웠다. 사람 만날 때 에너지가 넘치고 나도 모르게 미소가 끊이지 않는다.

　사람들에게 힐링을 주는 김창옥 교수님처럼 많은 사람에게 선한 영향력을 주는 강사가 되고 싶다. 꿈이 있기에 도전할 수 있고 행복하다. 앞으로 이룰 나의 목표를 향해 오늘도 달려 나갈 것이다.

04

등불을 밝히는
강사

(김은주)

　"교수님, 정말 궁금한 게 있어요. 혹시 어떤 보약을 드시는지요?" 얼마 전 강사 한 분이 정말 궁금하다는 눈빛으로 질문을 했다. 강의 일정도 많은데 블로그 포스팅도 하루도 빼놓지 않고 실천하고 있는 게 궁금했던 모양이다. 보약을 먹어 체력이 버텨준다고 생각했다고 한다. 그 강사님 말고도 비슷한 질문을 종종 듣는다. 그 질문에 "사랑이요!"라고 대답한다.

　직장생활도 해 봤다. 한국어 지도, 방과 후 학생지도도 해 봤다. 그동안은 일하면서 하는 일에 대해 만족하지 못하고 살았다. 그렇다 보니, '앞으로도 현재 하는 일을 앞으로도 하고 싶다.'라는 생각은 전혀 해 보지 않았다. 전국 출강하는 교육 강사로 활동하는 현재는 어떨까? 지금 하는 강사의 직업을 후회한 적도, 만족하지 않았던 적도 없다. 강의하는 게 즐겁다. 교육생과 소통하는 게 행복하다. 강의가 끝난 후, 교육 때 사용했던 살림살이들을 정리하고 있으면 교육생이 내 곁으로 다가온다. 조심해서 가라는 인사를 건넨다. 어떤 교육생은 내 손을 잡고 수고 많았다는 말 한마디를 건넨다. 나를 불러 엄지척을 해 준다. 교육장 나가면서 교육생이 보여주는 이러한 몸짓들이 나를 웃게 한다. 집으로 가는 길 노래가 나온다. 바로 나의 보약은 강사의 직업으로 교육생과 소통하는 것이다. 교육생의 사람을 듬뿍 받는 것이다. 나를 지치지 않게 하는 힘. 새벽 일찍 집을 나서는 것조차도 즐겁게 생각하는 힘. 이게 바로 강사의 직업이 주는 강력한 힘이다.

얼마 전 동화구연지도사, 책 놀이 지도사 강사양성 자격 관련해서 블로그 포스팅을 올린 적이 있었다. 거기에 눈에 띄는 댓글 하나가 있었다. "이런 공부하고 싶고, 자격증도 취득해서 대표님처럼 잘나가는 강사가 되고 싶어요. 어떻게 하면 되나요?"라는 내용이었다. 그 예비 강사와 글을 주고받으며 과거 강사가 되고 싶어 여기저기 교육원들을 기웃거리던 내 모습이 떠올랐다.

웃음을 공부하려고 찾았던 교육원에서 첫 스승님을 만났다. 강의 분야를 더 넓히고자 할 때 두 번째 스승인 〈국민강사교육협회〉 김규인 협회장님을 만났다. 스승님처럼 되고 싶었다. 두 분의 훌륭한 스승님처럼 멋진 모습의 강사가 되고 싶다고 생각했다. 그래서 그들을 닮아가려고 노력했다. 닮아가려고만 했을 뿐인데, 잘나가는 강사가 되었고, 이제는 누군가 나처럼 되고 싶다고 한다. 나를 보고 강사가 되고 싶다고 한다. 내가 누군가의 마음에 동기 부여와 용기를 심어줬다고 생각하니 어깨춤이 절로 난다. 내가 대단한 사람이라는 생각으로 자존감도 쑥쑥 올라간다. 한 발짝 한 발짝 성장하면서 앞으로 실천하고자 하는 것들이 있다.

첫 번째, 민간자격 등록 신청을 하는 것이다. 가장 오랫동안 강의한 동화구연, 책 놀이, 그림책 지도, 보드게임 관련 민간자격 등록 신청을 하려고 한다. 작년부터 생각만 하고 있었는데 책을 쓰면서 실천으로 옮겨야겠다고 생각했다. 민간자격 등록을 마치면 〈국민강사교육협회〉의 '김규인' 협회장님처럼 자격과정을 열고 재교육을 통해 내가 그동안 쌓은 지식을 나누고 싶다. 〈심길에듀센터〉 대표로도 활동 중이다. '심길'은 '마음이 건강한 길, 마음이 아름다운 길'의 의미가 있다. 강의를 다니며 마음 건강을 강조하는 편이다. 마음이 건강한 사람은 누군가의 마음에 상처 내는 일도 없고 자신을 비난하지도 않는다. 마음이 건강한 사람은 자신의 상처를 보듬을 줄 알고 타인의 아픔도 함께 나눌 수 있는 사람이다. 그래서 마음이 건강한 사람들이 많아지기를 기대한다. 그림책과 놀이를 통해 마음 건강을 디자인할 수 있다고 믿는다. 그래서 몸과 마음이 건강한 삶으로 디자인할 수 있는 강사 양성에 정성을 쏟으려고 한다.

더 나아가 내년쯤 〈국민강사교육협회〉 대전지부를 세워 인재 양성에 힘쓰고 싶다. 교육기관 검색만 해도 전국에 교육기관이 얼마나 많이 검색되는가? 그런데 그 많은 교육 기관들이 어떤 가치관을 갖고 운영이 되느냐가 중요하다. 누구를 만나느냐가 중요하다. 나처럼 강사의 꿈을 향해 뛰어든 사람들을 만나고 싶다. 교육원을 운영하며 그들과 사람을 위하는 마인드를 함께 나누고 싶다.

두 번째, 나의 이야기를 담은 단독 저서를 출간하는 것이다.

"강사님의 아팠던 이야기를 사례로 교육해 주어 마음에 와닿았어요." 라며 한 교육생이 소감을 말했다. 자활센터 강의로, 주제가 '웃음 테라피' 였다. 그 자활센터 담당자가 특별히 요청한 내용이 있었다. 자활센터 참여 주민들이 화가 많이 쌓여 있는 것으로 보인다고 했다. 그 분노의 감정으로 타인에게도 상처를 많이 주고 있다면서 웃음 테라피를 통해 조금이라도 여유로워질 수 있게 해 달라고 했다.

담당자 말대로 그 자활센터 참여 주민들은 화가 잔뜩 난 표정으로 나를 마주했다. 왜 웃어야 하는지, 웃을 때 삶이 어떻게 달라지는지 내 이야기를 해 주었다. 유방암 진단부터 치료 과정, 그리고 그 이후 강사의 삶에 대해 말했다. 나의 힘들었던 이야기를 풀어놓으며 웃음의 필요성에 대해 말하니 참여 주민들의 얼굴빛이 조금씩 밝은 표정으로 변해갔다.

처음에는 무표정한 얼굴, 인상 쓴 얼굴로 나와 마주했지만, 입꼬리를 올리려고 노력하는 모습이 눈에 들어왔다. 교육이 끝날 때쯤에는 교육장이 웃음소리로 가득 찼다. 내 삶은 별로 특별한 게 없다고 생각하며 살았다. 그런데 별거 아닌 삶의 이야기로 화를 가득 품고 있던 얼굴이 활짝 웃는 얼굴로 변할 수 있다는 사실에 놀랐다. 그들을 보며 결심했다. 내 이야기를 책에 담아야겠다고. 그동안은 엄두가 나지 않았는데 공저 책을 쓰면서 한번 해 보자는 용기가 생겼다.

삶이 무난했다면 어땠을까? 생각해 본다. 그 변화 없는 삶이 계속되었다면 잘나가는 강사가 되었을까? 라는 질문도 해 본다. 아마도 "아니요." 라는 대답을 망설임 없이 했을 것이다. 사람들도 나처럼 오르락내리락 무난하지 않은 삶을 살고 있을 것이다. 누군가는 과거에 그런 삶을 살았고, 또 누군가는 지금도 오르락내리락한 삶을 살고 있을 것이다. 삶의 곡선이 아래로 향할 때는 먹구름 가득 낀 날만 계속되는 느낌이다. 남들은 꽃향기 풍기는 아름다운 봄이라고 하는데 내 눈에는 그 꽃이 보이지 않고 향기마저 느껴지지 않는다. 하지만 그 아래로 향했던 깜깜한 시간이 없었다면 지금의 잘나가는 김은주 강사는 존재하지 않았다고 생각한다. 아침이 되어 눈을 떠도 밝은 햇살이 느껴지지 않았다. 눈부신 햇살이 비추어도 깜깜한 밤처럼 느껴졌다. 끝나지 않을 것 같은 시간 덕분에 새로운 삶을 찾을 수 있었다. 그리고 그 시간으로 성장할 수 있었다. 또한 삶의 지혜도 찾았다. 강의 마무리 부분에 가끔 활용하는 영상 중에 "다 처음 살아보는 인생이라서 서툴다. 지금 있는 그대로 너무 멋지고 잘하고 있다. 누구나 후회하고 실패하는 것이다. 실수 좀 해도 괜찮으니까 너무 초조해하지 마." 처음 인생을 살다 보니 아픔과 실패를 겪을 때 어찌할 바를 모른다. 굴곡진 삶을 살며 힘들다고 외치는 사람들에게 말해주고 싶다. 나의 아픔 이야기를 들려주고 싶다. 웃음을 통해 성장한 나의 행복 이야기를 책으로 들려주고 싶다.

세 번째, 감사의 실천으로 앞으로도 교육생을 많이 만나고 싶다.
"아이고, 강사님 얼굴은 광이 나는 것 같아요. 화장품 뭐 쓰세요? 뭐를 바르면 강사님처럼 광이 날까요? 내 얼굴은 칙칙한데." 가끔 교육생들이 묻는다. 내 얼굴에서 광이 나는 이유는 바로 하루하루 반복되는 삶이 감사하기 때문이다. 강의를 통해 교육생과 만나는 시간이 심장을 뛰게 하기 때문이다. 광나는 얼굴 비결은 바로 '감사와 행복'이다. 교육생을 만나러 가는 길은 콧노래가 나온다. 물론 강의안 준비로 고민하는 시간도 있다. 강의 현장에서 만나게 될 교육생의 모습, 반응 등을 그려보면서 설렘 가득한 마음으로 강의안을 만든다. 그 안에 좋은 기운을 담아내려고 노력한다. 그렇게 준비해서 교육생을 만나면 집중도 잘한다. 교육에 적극적인 반응으로 호응을 보인다. 그럴 때마다 '감사합니다.'를 외친다.

"기운과 끈기는 모든 것을 이겨낸다."라는 벤자민 프랭클린의 말처럼,

내가 가고자 하는 길을 향해 넘쳐나는 기운과 포기하지 않는 끈기를 잃지 않는다면 내가 가고자 하는 길에 도달하리라 믿는다. 이끼가 끼지 않는 돌이 되기 위해서는 쉬지 않고 굴러야 한다. 이 세상에 보장된 것은 아무것도 없다. 오직 준비된 자만이 잡을 기회만 있을 뿐이다.

　누군가의 등불이 되어 환하게 밝히는 강사가 되기 위해 오늘도 나는 새벽길을 달린다. 떠오르는 햇빛이 아름답다.

05

내가 만들어 가야
하는 길

(김창범)

어릴 적 꿈은 선생님이 되는 거였다. 초등학교 3학년 때의 일이다. 담임 선생님이 어느 날 교무실로 불러서 이렇게 말씀하셨다. "창범아, 너 내일부터 일찍 학교에 와서 칠판에 산수 문제를 적어 놓을래? 문제는 네가 알아서 뽑아 오면 돼."

3학년 3반 담임 선생님 이름은 김숙란. 젊고 참 예뻤다. 나는 그때 수원 연무동 재활원 주택이란 곳에 할머니, 아버지, 엄마, 그리고 남동생과 여동생 등 여섯 식구가 살고 있었다. 수원 광교산 자락에 있는 재활원 주택은 6.25 참전 상이용사 가족들을 위해 지어진 집이다. 똑같은 모양의 기와집 300호가 모여 있었다. 선생님은 그곳 친구의 집에서 하숙하고 있었다. 거의 매일 등굣길에서 선생님을 만났다. 점심시간이 되면 선생님과 친구 여러 명이 모여 같이 도시락도 같이 먹었다.

매일 아침 학교에 일찍 도착한다. 교무실에서 열쇠를 가져다가 우리 반 교실문을 열었다. 키가 작아 의자를 놓고 그 위에 올라서서 준비해온 산수 문제를 칠판에 또박또박 쓰기 시작한다. 아무도 없는 조그마한 교실에 칠판에 백묵 부딪히는 소리만 들린다. 한쪽을 쓰고 나면, 다시 의자를 옆으로 옮겨 놓고 올라가 또 쓰기 시작했다. 그러면서 나의 장래 희망은 선생님이 되었던 것 같다. 학교통신표 장래 희망란에는 늘 선생님이란 문구가 또렷이 적혀 있었다.

고등학교를 졸업하던 1978년 나는 선생님이 아닌 지방공무원이 되었다. 참 마음이 아프고 힘들었던 시기였다. 업무 차 지역에 출장을 나갈 때면 친구들이 볼까 봐 당시 초록색 새마을 모자를 푹 눌러쓰고 다녔다. 멀리서 아는 사람이 오면 다른 골목길로 피하기도 했었다. 나이에 맞지 않게 옷을 어른스럽게 입고 다닌다며, 어느 통장님이 말했던 게 기억난다. 나는 아버지 옷을 자주 입고 출근하곤 했었다.

그렇게 공무원으로 조직 생활에 하루하루 익숙해지고 있었다. 서른 살이 다 되어서 야간대학도 다닐 수 있었다. 그러나 어릴 적 간직했던 초등학교 선생님의 꿈은 까맣게 잊혔다.

1998년 9월 경기대학교 석사과정에 입학했다. 그 당시 우리나라는 IMF로 경제가 말할 수 없이 어려웠다. 많은 기업과 조직은 구조조정이란 이름으로 조직 통폐합, 퇴출과 해고가 이어졌다. 나도 언제가 퇴출될지도 모른다는 불안감이 들기 시작했다. 그즈음 공무원에게 수업료를 포함한 다양한 장학혜택이 주어진다는 대학원생 모집공고문을 보게 되었다. 혹 명함에 석사라는 문구가 있으면 재취업에 도움이 될까 하는 생각에 입학을 결심했다. 학문적 동기보다는 미래 불안감의 비중이 컸다. 입학 후, 보름쯤 지났을 때였다. "김 선생, 앞으로 김 박사라 부를게. 대학에서 강의 준비해 봐. 내가 도와줄게."

당시 MBC 라디오 〈손에 잡히는 경제〉의 진행자였던 엄길청 그분이 내 지도 교수였다. 대학에서 강의를 준비해 보라는 것이다. 석사과정에 입학한 지 얼마 되지 않았는데 김 박사라고 부른다는 것이다. 석사과정을 마치고 2001년 박사과정을 들어가던 해, 엄길청 교수님의 모습을 잊을 수 없다. 인하대학교 경영학과 박사과정 입학원서에 지도교수 추천서를 첨부하게 되어 있었다. 교수님께 전화했다. 호서대학교 특강이 있어 내려와 있는데 끝나고 수원에 가면 밤 10시쯤 된다는 것이다. 영통구에 있는 서린 낙지 식당에서 보자고 한다. 식당에 갔다. 늦은 시간이라 손님은 없었다. 엄 교수님께 연락을 받았다며 나를 어느 빈방으로 안내한다. 밤

열시가 훌쩍 넘어 도착한 엄 교수님은 추천서 양식에 내용을 채우고 사인을 한다. 그리고 이렇게 말한다. "김 박사, 학문으로 위로받게. 그리고 대학에서 꼭 강의하시게." 어릴 적 간직했던 선생님의 꿈이 되살아나는 순간이었다.

2001년 오산대학에서 시간강사로 출발했다. 고등학교 졸업 후 23년 만의 일이다. 초등학교 선생님이 아닌, 대학에서 강사로 출발을 했다. 다양한 영역에서 강의 경험을 하면서 2020년 3월 40여 년의 모든 공조직 생활을 마무리했다.

이제는 강사로서의 생활이다. 강의 영역과 관련된 자격증을 취득하기로 했다. 처음으로 서울 금천구에 있는 〈한국에니어그램교육연구소〉를 찾았다. 상담하고 등록했다. 그 후, MBTI, DISC 등 행동 유형 성격 분석 과정에 등록했다. 단계별로 과정이 개설되어 인내를 많이 필요로 했다. 처음 접하는 영역이어서 집중하기가 쉽지 않았다. 하지만 호기심도 생겼다. 조직에서 안정적인 생활을 할 때 전혀 생각해 보지도 못했던 경험이다. 새로운 상황을 경험하고 있었다. 시간에 대한 부담도 많았다. 수강료도 부담되었다. 무엇보다 나를 당황하게 한 것은 수강생 중 나이가 제일 많았다. 자기소개하는 것도 쑥스러웠다. 조별 구성원들과 토의할 때도 당황스러웠다. 젊은 수강생들 틈에 앉아 있는 자체가 낯설었다. 그동안 얼마나 안일하게 살아왔는지 후회스러웠다. 검사지를 사용할 수 있게 되었다. 강의할 수 있는 자격도 부여받았다.

2020년 6월. 감사 경영지도사과정에 등록했다. 매주 토요일 6주간으로 진행되는 과정이었다. 분야별 전문 강사의 열띤 강의에 빠져들었다. 감사도 경영을 해야 한다는 말이 강한 느낌으로 다가왔다. 감동한 것은 강의보다 과제였다. 하루 감사 일기를 100일 동안 써야 자격증 발급 대상이 된다는 것이다. 일기를 쓰듯, 과제를 하듯 매일매일 감사 일기를 쓰기 시작했다. 처음 어떻게 써야 할까 망설여졌다. 그렇게 하루하루 나는 감사 일기에 익숙해지고 있었다.

마지막 과제는 감사 족자였다. 엄마를 대상으로 했다. 감사의 내용을 미리 정리해 보려고 학생용 공책을 준비했다. 늘 쓰던 만년필을 집어 들고 첫 문장을 썼다. '저를 엄마의 아들로 태어나게 해 주셔서 감사합니다.' 순간 눈물이 쏟아져 흘렀다. 주체할 수 없을 정도였다. 더 이상 글을 쓸 수가 없었다. 육십여 년간의 지난 일들이 기억 속에서 하나하나 나타나기 시작했다. 그렇게 하루에 몇 줄씩 썼다, 멈췄다를 반복했다. 일주일이 지나서야 눈물 자국이 있는 족자에 글을 채울 수 있었다.

"고맙구나, 우리 아들. 살다 보니 이렇게 귀한 선물을 다 받는구나." 하시며, 나를 꼭 안아주시던 엄마의 모습이 눈에 선하다. 그렇게 나는 강사가 지녀야 할 가족의 소중함을 깊이 깨닫게 되었다.

〈(사)한국멘토협회〉 주관 '최고 명강사 과정', 〈국민강사교육협회〉 '최고위 과정' 등 여러 프로그램에 등록했다. 체계적으로 수업을 받았다. 전문 강사들로부터 강의 주제, 기법, 도구의 사용 등 다양한 기술을 배웠다. 무엇보다 나를 동기 부여 시킨 것은 함께 수강하는 선배 강사들의 열정이었다. 분위기에 몰입하고, 강의에 환호하며, 솔선하는 선배 강사들의 모습이 산교육이다.

켄터키 프라이드 치킨(KFC) 매장 앞에 웃음을 머금은 할아버지 동상을 좋아한다. 그는 육십이 넘은 나이에 자신이 개발한 치킨 레시피를 팔기 위해 1,008번의 거절을 당했다고 한다. 1,009번째 되어서야 계약자를 찾을 수 있었다. 수많은 거절을 당한 KFC 창업자 커넬 샌더스는 어떻게 수많은 거절을 이겨내고 계약을 이루어냈을까. 그가 빨리만 가려 했다면 1,009번의 기회는 오지 않았을지도 모른다. 늦었지만 제대로 가야 한다는 뚜렷한 목표와 방향성이 계약의 기쁨을 안겨다 주었을 것이다.

인생 2막, 육십이 훌쩍 넘어서 시작한 전문 강사의 길이다. 늦었다고 생각할 때가 종종 있다. 하지만 어느 분야든 내가 잘할 수 있는 강의 분야가 있다고 생각한다. 길이란 걸어가면서 만들어지는 것이라는 말이 있다. 중간에 힘든 일이 생겨도 포기하지 않고, 선택한 강사의 길을 사랑하며, 꾸준히 나아가는 강사가 되려고 한다.

06

꿈을 선물하는 강사!

(민혜영)

아이들과 함께 비전보드를 만들 듯 나의 비전을 세워본다. 강사는 '꿈을 선물하는 직업'이라고 생각한다.

아이들을 만나서 강의하면서 꿈에 대해 이야기한다. 그 꿈은 돈이 아닌 경험으로 살 수 있다고 강조한다. 아이들은 자신의 흥미와 적성에 맞는 꿈을 스스로 찾아가면서, 시행착오를 겪는다. 지금까지 강사활동을 하면서 청소년들에게 많은 꿈을 선물해오고 있다.

2022년, 비수도권 지역 A고등학교에서 〈고교학점제〉 특강을 했다. 고

교학점제란 학생이 자신의 진로에 따라 다양한 과목을 선택·이수하고, 누적 학점이 기준에 도달할 경우 졸업을 인정받는 교육과정 제도이다. 현재 단계적 이행을 하고 있고, 2025년 전면 시행된다. 나의 진로에 따른 과목을 선택하기 위해서는 나에 대해 아는 것은 필수적이다. 학생이든 성인이든 자신을 아는 것은 중요한 문제다. 우리는 '나'에 대해서 잘 알 것 같지만 그렇지 않은 경우가 많다. 특히, 학생들은 '자기이해' 부분에 많은 시간을 보내야 한다. 10년 동안 진로진학 전문 코치로, 전문 강사로 활동하면서 중요하게 생각하는 부분이기도 하다.

잡코리아 설문조사에서 조사한 대학생 전공 만족도 통계를 보면 50% 이상이 다른 전공을 하고 싶거나 잘 모르겠다는 답변이다. 원하는 전공에 맞춰 대학교를 들어갔는데 왜 이런 현상이 생기는 걸까? '자기이해' 부분에 대해 생각할 겨를 없이 공부만 했기 때문이다. 이런 취지에서 본다면 고교학점제 시행은 청소년들에게 진로를 선택하고 선택과목을 배움으로써 나를 알아가고 이해하는 시간이 더 많아질 거라고 생각한다.

문득 학창 시절이 떠오른다. 나 역시 자기이해 부분에 많은 시간을 투자하지 못해서 시행착오를 겪었다. 대학교에 들어가서 새로운 꿈을 발견했다. 디자이너가 되고 싶었다. 학교와 전공을 바꾸겠다고 하니 엄마가 미쳤냐고 했다. 힘들게 들어간 학교를 왜 바꾸냐고 했다. 하지만 난 꿈을 위해 바꿨다. 과감하게 식품영양학과에서 시각디자인과로 전공을 바꿨다. 모두 아니라고 할 때 혼자 '된다'라고 외쳤다. 많은 시행착오를 통해서 세상에 부딪혀 가며 경험을 얻었다. 지금도 도전하고 있다.

2018년 9월 28일, BTS 리더 RM(김남준)의 UN 연설 중에 "아홉 살 때쯤 꿈꾸는 걸 멈추고 타인의 눈으로 나를 바라보기 시작했다.", "음악 덕분에 자신의 목소리를 들을 수 있었다.", "자신만의 목소리를 들려 달라."라는 연설을 했다. 그렇다. RM의 인생을 건 과목 선택은 음악이었다. 음악 선택으로 RM은 가수로서 자신만의 인생을 행복하게 만들어 가고 있다. 고교학점제 강의를 할 때 RM 이야기를 해준다.

특강이 끝날 때쯤 한 여학생이 "선생님, 꿈이 없었는데 꿈이 생겼어요."라고 말했다. 꿈이 생겼다고 미소 짓는 아이를 보았다. "선생님처럼 강사가 되고 싶어요."라고 말을 했다. 순간 깜짝 놀랐지만 "와! 멋진 꿈이네. 지수(가명)에게 잘 어울릴 것 같아."라고 말했다. 하지만 속으로는 눈물이 났다. 이날 얼마나 많이 흥분했는지 끝나고 먹을 것이 넘어가지 않았다. 물론 모든 아이가 그렇지는 않다. 집으로 가는 중에 같이 타고 간 한 선생님에게 지수 이야기를 해줬다. 그때까지도 진정이 되지 않았다. 아이들의 꿈이 빛나듯 나의 꿈도 빛나고 있었다.

지금은 평생교육의 시대!

오랫동안 기업교육을 하는 강사를 꿈꿔왔다. 아이들에게 꿈을 선물했듯이 가끔은 마음이 지친 기업의 교육생들에게 긍정적인 동기 부여를 주고 싶다. 비전을 꿈꾸고 실현할 수 있도록 도움을 주는 강사가 되는 것이 꿈이다. 회사생활을 오래 한 덕분에 기업인의 심리를 잘 아는 편이었다. 강사를 하다 보니 교육생의 심리적인 측면을 들여다본다는 것이 중요하다는 것을 깨달았다. 덕분에 심리학을 공부할 수 있었다.

긍정의 힘을 믿는다. 긍정의 힘은 강의를 끝까지 마무리할 수 있는 힘을 가지고 있다. 나를 표현하는 이름표 문구는 '말과 행동으로 습관을 만들어가는 민혜영 강사'이다. 강사로서 내가 한 말과 행동으로 습관을 만들어가고 있다. 친절함과 공감 능력은 나의 차별화 전략이라고 생각한다. 강사로서 교육생들의 공감을 얻어내는 것은 중요한 일이다. 소통을 통한 공감 능력은 교육생들에게 행복을 전달할 수 있다. 지금까지 강사 생활을 하면서 가장 많이 들었던 말은 '잘 웃는다', '친절하다'이다. 강의가 끝나면 아이들은 "선생님 친절해요, 친절해서 좋아요."라는 말을 한다. 물론 강의를 잘 따라오는 아이들의 얘기다.

앞으로 어떤 강사가 될 것인가?
나만의 강점을 살려서 콘텐츠를 개발하고 있다. 강사는 자신만의 차별성이 있어야 한다. 아이디어가 좋아서도 아니고, 상상력이나 창의력이 풍부해서도 아니다. 그냥 내가 좋아하는 것을 하는 것이다. 글을 쓰면서 생각해 보니 끊임없이 콘텐츠 개발을 해 왔다. 대학 때 처음으로 공모

전에 출품한 적이 있다. 편안함을 추구하는 카피 문구로 리바이스 광고를 만들었다. 공모전에 출품해서 입상했다. 하나에 빠지면 몰입하는 성격 탓에 이때 내 눈엔 온통 광고 세상이었다. 2000년쯤, 회사 다닐 때 서대문 5호선에 있는 극장 이름 공모가 있었다. 화양극장 이름이었는데 내가 드림시네마(Dream Cinema)로 바꿨다. 십 년 동안 그 간판이 걸려 있었다. 집도 회사도 서대문 근처가 아니어서 일부러 가서 영화를 본 적이 있다. 오랫동안 잊고 지내다 지금도 있을까? 이름이 어떻게 바뀌었을까? 생각하며 설렘으로 인터넷 검색을 해보니 서대문아트홀(구 드림시네마)로 바뀌어 있다. 옆에 그 이름이 여전히 적혀 있는 것이 신기하고 인상적이다. 하지만 지금은 누군가의 기억 속에 남아 있는 이름이 되었다.

기업 브랜드를 따서 CI, BI를 만들어 보았다. 누가 시키지도 않았다. 공모전이 있지도 않았다. 좋아하는 것을 하다 보면 경험이 만들어지고 그 경험은 자신의 능력이 될 수 있다. 2년 전에 AI 카타고 관련 바둑을 서비스하는 콘텐츠 사업을 시작했다. 1인 기업의 대표다.

이런 부분이 강의를 할 때 많은 도움을 준다. 강의안을 만들 때 하나만 보는 것이 아니라 전체 흐름을 파악한다. 평소에 주변에 관심이 많다. 관찰을 잘하는 편이다. 나의 이런 장점이 앞으로 내가 강의를 할 때 교육생 파악을 하는 데 도움을 받을 수 있다. 교육생에게 긍정적인 동기 부여를 주고 싶은 것이 강사로서의 나의 비전이다.

앞에서 말했던 꿈이 없던 지수가 선생님처럼 강사가 되고 싶다는 말은 나에게 많은 동기 부여를 주었다. 이 또한 내가 강사를 계속하고 싶은 이유다.

내가 하고 싶은 말만 하는 게 아닌, 청중이 듣고 싶어 하는 말을 하는 강사! 혼자 가는 게 아닌, 함께 가는 강사! 나로 인해 교육생이 변하고, '동기 부여를 해 줄 수 있는 강사!' 청중과 심리적 교감하는 강사가 되는 것이 꿈이다.

월트 디즈니가 말했다. "꿈을 꿀 수 있다면 꿈을 실현할 수도 있다."
누군가의 삶은 누군가의 꿈이 될 수 있다고 믿는다. 오늘도 누군가에게 꿈을 주기 위해서 나는 나아가는 중이다.

07

희망과 믿음을 전하는
강사

(박은주)

행복해지려면 어떻게 해야 할까? 이 물음에 대한 답은 쉽지 않다. 하지만, 적어도 행복을 위해서는 '안전'이 꼭 필요하다고 생각한다. 안전한 삶을 살아가는 것이 가장 기본적이며, 중요한 요건이라고 생각한다.

2011년 12월, 대구에 사는 중학생 권 모 군이 친구들에게 상습적으로 괴롭힘을 당하다 극단적인 선택을 했다. 학교폭력이다. 이듬해 대구와 경북에서 10여 명의 청소년이 자살하는 사건이 연속해서 발생했다. 학교 사회복지에 관심이 많았던 나는 자연스럽게 학교폭력에 관심을 가졌다. 2014년 학교폭력예방 전문 강사 자격과정을 수강하던 중 권 모 군의 어머니로부터 '세상에서 가장 길었던 하루'라는 가슴 아픈 이야기를 들었다. 권 군이 남긴 유서에는 그가 겪은 엄청난 고통과 가족에 대한 깊은 사랑이 담겨 있었다.

사회복지학을 전공하고, 학교폭력예방 전문 강사로 활동한 지 어느덧 10년이 되었다. 학교폭력은 단순히 학생 개인의 문제가 아니라 사회적인 문제다. 학교폭력은 예방이 가장 중요하다. 서로 존중하는 문화가 형성되고, 공감하고 이해하는 학교 분위기를 조성하는 것이 실천되어야 한다.

안전은 학교폭력, 생명존중, 교통안전, 화재안전 등 다양한 내용을 포함하고 있다. 시민단체 회원으로서 지역사회에 봉사하며 생활안전을 교육하고 있다. 그 전문성을 인정받아 행정안전부에 안전교육 전문 강사로 등록되었다. 영유아와 초등학생을 대상으로 시작하여 이제는 노인복지관, 장애인 시설, 기타 기관으로 확대되었다. 안전에 대한 인식을 높이고 모두가 안전할 수 있도록 열심히 활동하고 있다. 인식을 바꾸는 일은 쉽지 않다. 천천히 스며들 듯이, 안전이 우리 삶의 핵심 가치라는 점에 공감하고 변화할 수 있도록 노력하고 있다.

2022년 1월, 〈국민강사교육협회〉 오픈방에 초대받아 낯선 환경에 조심스럽게 입장했다. 이곳에서 기적을 경험하고 있다. 다양한 분야의 강사 500여 명이 한자리에 모였다. 코로나19로 인해 강의 활동은 거의 중단 상태였다. 〈학교안전공제회〉에서 의뢰하는 방송강의를 진행하는 게 전부였다. 그런데 'Zoom 강의'라는 새로운 영역을 접하게 되었다. 시간과 공간에 대한 제약에서 상당히 자유롭다. 처음 강의를 배울 때처럼 매 순간이 새롭고 설렌다. 매월 자격과정이 열리고, 이후 재교육이 진행된다. 금요일마다 특강도 열린다. 강사마다 전문 분야가 있고, 같은 분야 강사도 내용을 풀어가는 스타일이 다르다. 다른 강사의 강의를 듣는 것은 간접 경험이 되고 동기 부여가 된다. 역량을 강화할 수 있는 계기가 되어, 강의 분야를 넓히고, 교육 대상자를 확대하는 데 도움이 된다.

강의를 준비하는 과정에서 개인적인 성장을 경험한다. 다양한 분야에 대한 지식이 쌓이고, 서로 융합되어 시너지 효과를 낼 수 있다. 가장 중요한 것은 강의에 대한 열정이 성과로 이어져 자존감이 높아지고 성취감도 생긴다. 〈국민강사교육협회〉 전임교수로 임용되었다. 대학원 박사과정에 진학하여 다른 분야에 대한 지식을 배우고 있다. 강사로서 나의 강점은 끊임없는 학습에 대한 호기심과 열정이다. 이런 열정을 멈추지 않고 조율하면서 성과로 이끌어내는 성실함도 있다. 덕분에 작은 눈덩이가 점차 큰 눈사람으로 변해가듯, 나는 꾸준히 성장하고 있다.

〈국민강사교육협회〉 김규인 회장님의 적극적인 추진력을 통해 결단의 힘을 배웠다. 예전에는 망설이는 경우가 많았지만, 그분의 격려와 지지는 도전하는 힘이 되었다. 끊임없이 배우면서 성장하고 있다.

〈다교에듀〉 1인 기업을 개업했다. '안전한 세상을 위해, 마음과 마음을 연결하는 통로가 되겠다.'는 진심 어린 소망을 담았다. 앞으로가 더 기대된다.

2021년 5월, 코로나19로 집에 머무르는 시간이 길어졌다. 집 안 정리를 하다가 예쁜 노란색 편지 봉투를 발견했다. 우표가 없다. 보내는 사람과 받는 사람 란에 내 이름이 적혀 있다. 10년 뒤 내 모습을 상상하면서 작성하고, 10년 후에 열어보기로 약속한 편지다. 그동안 잊고 있었다. 첫째 줄에 '부모교육을 하고 있는 내 모습이 멋져요.'라고 적혀 있다. 강사가 되고 싶다고 꿈을 꾸었다는 걸 깨닫는다. 그런데, 왜 알아차리지 못했을까? 현실에 주어진 여러 역할을 감당하기 벅차서 장기적인 목표를 세우지 못했다는 생각이 든다.

경북 K 지역 학생상담 자원봉사자를 대상으로 '4대폭력예방교육강사' 자격과정이 열렸다. 김규인 회장님과 함께 강사로 참여하게 되어 기쁘다. 또 한 편으로 가슴이 벅차다. 6년간 인근 Y 지역에서 학생상담 자원봉사자로 활동했다. 작은아이를 어린이집에 보내고, 자원봉사를 시작했다. 우리 아이들이 안전하고 건강하게 학교생활을 했으면 좋겠다는 마음으로 시작한 봉사였다. 진정성 있는 자원봉사 활동은 나를 전문 강사로 성장시켰다.

인접해 있는 두 지역이 연합하여 초·중·고급 과정을 개설하였다. 역량 강화를 위해 사회복지, 상담 분야 강사를 초빙하여 공부했다. 한 번은 상담 분야 여자 강사가 왔다. 전문 용어들을 이해하기 쉽게 설명했다. 이런저런 사례를 통해 이해도를 높였다. 듣다 보니, 언젠가 경험한 듯한 익숙한 기억이 떠올랐다. 고등학교 1년 선배였다. 아이들을 양육하면서 자신의 전문 직업을 가진 강사의 모습이 너무나 멋있게 느껴졌다. 당시, 7년 차 주부로서 아이들을 어린이집에 보내고 나니 여유가 조금 생겼다. 새로운 분야를 배우고 학생들을 만나 봉사하는 시간은 나에게 힐링의 시간이었다.

처음에는 배우는 자체가 즐거웠다. 배우는 시간이 늘어날수록 연결고리가 많아졌다. 그리고 13년 뒤, 후배 자원봉사자들에게 강의하게 되었다. 강의를 준비하고 K 지역 교육지원청을 방문했다. '학생상담자원봉사자'라는 문구가 눈에 띄었다. 순간 울컥했다. 감정을 애써 감추며, 수강생들과 반갑게 인사를 나눴다. 공감하고 응원하면서 2회에 걸쳐 출강했다. 강의가 끝나고 수강생으로부터 감사의 문자를 한 통 받았다. 다섯 번 만나는 동안 유난히 집중했던 분이다. 이분에게는 이번 교육이 내가 처음 받았던 울림과 비슷할지도 모른다는 생각이 든다. 누군가로부터 배우고 영감을 얻으며, 누군가에게 희망이 될 수 있다는 것은 큰 행복이다.

지금까지 열심히 노력해왔다. 걱정은 적게 하고, 미래를 향해 나아가는 데 에너지를 집중해야겠다. 이제는 새로운 일에 적극적으로 도전하며, 나 자신의 희망이자 비전이 되고자 한다.

디오도어 루빈은 말했다. "믿는다는 것은 이 세상에서 제일 큰 힘이다."라고. 나의 말을 듣는 사람에게, 누구보다 큰 믿음을 주는 강사가 되고 싶다. 나의 강의가 다른 사람들에게 살아갈 힘을 주면 좋겠다.

08

동기 부여하는
교육 전문가

(심규나)

15년 전만 해도 나는 강사보다는 상담사의 길을 가려고 했다. 그래서 상담과 관련된 민간 자격증을 따려고 공부를 시작했고, H 심리상담소에서 아동·청소년 대상으로 시간제 미술 심리상담을 했다. 2019년 3월 상담사로서의 전문성을 키우기 위해서 신라대학교 상담치료대학원에 입학했다. 이때는 성교육 강사로 활동을 하였기에, 가해 행동에 대한 문제 해결을 바라는 상담 요청이 들어오곤 했다. 이때 성폭력 예방 교육을 병행해서 진행했다. 성교육 강사 3년쯤 되었을 때 강사로서의 보람은 커졌고, 자존감도 높아지게 되면서 강사로서 길을 걷게 되었다. 성교육 활동

가로 시작된 강사 활동이 어느덧 10년이란 세월이 흘렀다. 오랜 세월 강의하다 보면, 예상치 못한 변수가 있기 마련이다. 예를 들어, 길을 잘못 든 경우, 사고가 나서 차가 밀리는 경우가 있다. 내비게이션 안내를 믿고 갔는데 발등을 찍히는 일도 있다.

어느 무더운 여름날, G학교에 교사 연수를 진행하러 갈 때의 일이다. 내비게이션이 길을 잘 안내해 줄 것을 믿고, 여유로운 마음으로 출발했다. 강의 장소를 100미터 남겨 놓고 내비게이션은 길을 잘못 들어서 다시 안내한다고 했다. 그러나 같은 길을 반복하며 계속 돌게 했다. 강의 시간은 다 돼가는데, 너무 당황스러워서 등줄기와 이마에 땀이 흘렀다. 머리카락이 생쥐 꼴이 되어서 강의실에 들어갔다.

그 후부터는 적어도 30분 전에는 목적지에 도착하기 위해 강의 전날부터 준비하고 강의장 확인하고, 운전하면서도 제대로 가고 있는지 또 확인하는 버릇이 생겼다.

L 여자중학교에서는 노트북 연결이 되지 않아서 학습자들과 이리저리 방법을 찾아 보았지만, 학교 시스템과 노트북은 연결되지 않았다. '어떻게 수업하지?'라는 생각에 당황하는 모습을 학습자들에게 보이지 않으려고 노력했다. 어떤 방법으로 수업을 대처해야 할지 머리를 굴렸다. 학습자들도 강사인 내가 어떻게 할 것인지 주시하고 있었다. 다행히 가방에 단어 카드가 있다는 것이 기억났다. 교육과 관련된 단어 카드를 활용하

여 OX 게임과 연결하여 진행했다. 다행히 강의식보다 더 적극적이고 열정적인 수업을 할 수 있었다. 다양한 경험을 바탕으로 내가 가진 강점과 비전 몇 가지를 말해 볼까 한다.

강사로서의 나의 강점은 10여 년의 7,000회 이상의 강의 경력이다. 이러한 경력은 성교육에 대한 전문성과 신뢰를 입증할 수 있다.

이러한 경험을 바탕으로, 다양한 대상에 따른 맞춤식 교육 프로그램을 적용할 수 있다. 성인지 향상 교육, 4대 폭력 예방 교육, 양성평등 및 성평등 교육 등 다양한 주제의 성교육을 다루었다. 이에 맞는 맞춤형 성교육 프로그램을 제공하고 있으며, 다양한 측면에서 사람들의 인식을 돕고 있다는 점에서 차별성을 갖고 있다.

다음은 폭넓은 교육 방식이 나의 강점이라고 할 수 있다. 강의식, 토의식, 워크숍, 연수, 방송교육, 온라인(Zoom) 등의 교육 방식을 통해 실질적인 교육을 제공하고 하고 있다. 예를 들어서 성평등 실현을 위한 교육뿐 아니라 캠페인 참여로 사람들의 인식을 점검하고, 필요성을 제공해 주면서 지역사회의 성평등 실현을 도왔다.

또한, 다양한 직군에 있는 사람들에게 강의식 참여식 및 워크숍을 진행했다. 토의식 강의에서는 조직이 해결하지 못하는 문제를 해결해 나갔다. 토의식 강의는 성평등한 세상을 실현하기 위해서, 개인이나 조직이 할 수 있는 방법을 학습자들이 찾는다. 토의한 내용 발표를 통해서 경험을 공유하고 서로의 차이에 대해 이해하는 공감대가 형성되었다. 이렇듯 다양한 교육 콘텐츠로 집단에 맞춘 교육을 제공할 수 있는 능력과 경험을 갖추고 있다.

강사로서의 나의 비전은 더 폭넓고 다양한 교육을 목표로 하고 있다. 먼저는 〈국민강사교육협회〉에서 주관하는 법정의무교육을 시도하고 있다. 대한민국 시민이라면 누구나 받아야 하는 필수 교육이다. 5인 이상의 사업장이라면 모두 교육을 받아야 한다. 그 이유는 모든 근로자가 직장에서 겪을 수 있는 부당한 일을 당하지 않도록 예방 및 대처하는 방법을 알리는 교육으로 멀리 내다본다면 사업주나 근로자 모두에게 필요한 교육으로 매우 의미 있다고 생각한다.

소통 교육, 조직 활성화, 인성 및 예절 교육 등 통합적 교육을 목표로 하고 있다. 소통과 커뮤니케이션 교육은 정보의 전달과 이해를 원활하게 하여 조직 내의 의사결정과 문제 해결을 용이하게 한다.

며칠 전 도시가스 안전점검원 및 관리 종사자를 대상으로 '직장 내 성희롱예방 교육'을 진행하러 출발했다. 5월의 날씨는 평상시와 다르게 기온이 높았다. 교육 장소에 도착하니, 주변 건물에서는 한창 공사가 진행 중이었다. 주차 공간을 찾지 못하여, 교육 장소와 조금 떨어진 곳에 주차했다. 그런데, 교육 장소까지 거리가 제법 되었다. 더운 날씨로 몸에 열기가 오르는 것을 느꼈다. 혹시나 교육 시간이 늦을까 봐 열심히 걸어서 교육 장소에 도착했다. 빔프로젝터가 제대로 작동하지 않아서 준비하는 데 한참 걸렸다. 인사를 하고 교육을 시작했는데, 5분쯤 지났을까? 얼굴에 땀이 흐르기 시작했다. 무더운 날씨 열심히 걸어와서 몸에 열이 차 있었나 보다. 관리자분은 에어컨 틀고, 학습자는 손수건을 건네고, 나는 민망해하고, 그렇게 교육을 진행했다. 교육 중간쯤부터는 성희롱 사례를 팀별로 토의하고 발표하는 시간을 가졌다. 토의 내용 중에는 안전 점검원이 가구방문하였을 때 성희롱 피해가 있을시, 즉각 업체에 말하지 못하는 이유에 대해 나누게 하였다. 팀별로 발표를 하였는데, 성희롱을 당했을 때 업체에 바로 이야기하지 못하는 이유 중 하나는, 실적 저하나 재계약에 대한 우려를 말했다. 함께 교육에 참여한 대표님은 "우리 회사에서는 그러한 부분에 절대로 불이익이 없을 겁니다. 여러분의 안전이 최우선입니다. 그러니 걱정하지 마시고 편하게 말해 주세요."라고 말했다. 쉽게 말하지 못하는 어려움이 소통을 통해 단번에 해결됐다.

누군가에게 나의 가르침이 긍정적인 결과를 가져온다는 것은 매우 매력적이고 보람된 일이다. 반면 책임 의식과 부담감이 크기도 하다. 그러나 내가 할 수 있는 일이고, 좋아하는 일이며, 나의 강점이기도 하다. 강사로서 서로의 다름을 이해하고, 다양성을 존중하며, 삶의 가치와 동기를 부여하는 전문가가 되겠다고 다짐해 본다.

09

스마트한 소통으로
행복을 나누는 강사

(이현주)

계절이 바뀔 때마다 강사로서 경험도 다양해진다. 만나는 사람들도 다르다. 서로의 이야기를 주고받으면서 공감과 경청을 한다. 대화 상대가 있다는 건 축복이다. 세상의 모든 공간에서 나누는 이야기들은 내 삶에 의미를 준다. 강사로서 살아가는 삶은 나에게 소중하다. '강사의 선택은 잘한 일인가?' 끊임없이 질문한다.

산부인과 산후조리원에서 아기 울음소리가 들린다. 듣고 있기만 해도 축복의 소리라고 생각될 만큼 행복하다. 산후조리원에서 산모들을 대상으로 매주 강의한다. 출산한 지 하루가 된 산모도 있고, 일주일이 된 산모도 있다. 부모로서 영 · 유아 교육에 관한 전반적인 내용을 전달한다. 성장발달 단계에 따라 들려주는 음악을 선정해 주고, 시신경 자극으로 뇌를 발달시킬 수 있는 다양한 정보를 제공한다. 신생아 모빌로 활용할 때는 흑백 모빌을 전달한다. 눈 초점을 맞출 수 있는 시각 발달에 도움이 되는 모빌을 사용하라고 전달한다. 아기가 백 일쯤 되면 컬러 모빌로 교체하여 다양한 색을 보여주고, 소리를 탐색하게 하는 것도 중요하다. 부모가 조작하며 놀아주라고 산모와 아빠들에게 전달해 준다.

경청하는 산모들 중에는 행복해하는 사람도 있지만, 우울증으로 힘들어하는 사람도 있다. 부모교육과 아동교육 외에도 내가 전공한 분야는 상담 심리이다. 목각으로 산모들과 소통을 하기 시작한다. 평면 도형과 입체 도형으로 구성되어 있는 목각을 활용하여, 산모들을 상담해 준다. 출산은 기억력이 쇠퇴하고 집중력이 저하되는 시기이다. 기분 변화의 폭이 커지거나 사소한 일에도 예민해지는 증세를 보인다. 불안과 공포에 시달리고 불면증 혹은 지나치게 흐트러진 자신의 모습에 당황한다. 강의를 진행하면서 교육 전달만 하는 것이 목적이 아니다. 마음과 마음을 여는 것이 중요하다. 매주 산모들이 산후 우울증 상담을 받고 행복한 모습으로 퇴원할 때 강사로서 보람을 느낀다.

나의 휴대폰 번호는 세월이 흘러도 변하지 않는다. 같은 번호로 부재

중 전화가 가득하다. 전화를 걸어 확인해 본다. 청소년 담당 경찰관이 중학생, 고등학생 대상으로 강의 진행을 요청한다. 중학생 친구들과의 만남에서는 모두 여학생들이다. 학교 교칙 매뉴얼을 어기고 일탈행위를 한 친구들이다. 강의가 진행되는 시간만큼은 행복한 얼굴로 보내기를 원한다. 다음 날은 고등학생 친구들이다. 모두 남학생들이다. 사전 정보에 의하면 몸짓도 크고, 공격성이 있다고 한다. 그 친구들을 만나면서 눈을 바라본다. 공격성은 자신을 보호하고자 하는 그들만의 공간에서 표현이다. 어른들의 관점에서 바라보는 청소년은 불안하고 미성숙하다. 강의가 진행되는 동안 목각과 색종이로 자신을 표현하는 섬세함을 발견한다. 무언의 표현이다. 보호관찰대상인 친구들도 있다. 그 친구들의 소리를 들어보면, 억울함과 분노의 순간이 있다. 어느 누구도 들어주지 않고 결과에 대한 행동으로만 억압을 하다 보니 억울해 한다.

행동은 책임이 따른다는 것을 알려줘야 한다. 학생의 역할에서 할 수 있는 행동과 관계에 대해 이야기 해준다. 수용도 적극적으로 잘하는 친구들이다. 메시지만 전달하는 교육이 아니다. 청소년들의 잠재력을 최대한 발휘할 수 있도록 환경을 제공한다. 그 친구들은 지금 성인이 되어 각자의 꿈과 비전을 향해 회사를 다니면서 성장하고 있다.

다양한 연령층이 근무하는 기업 강의를 진행한다. 중소기업으로 상장된 회사다. 대표님의 마인드가 좋았다. 회사 직원들을 수직적으로 대하지 않고, 수평적으로 대우해 줬다. 대표는 회사 직원을 사원이라 표현하지 않고 구성원이라고 말한다. 존중하고 싶은 기업이다. 직원들 대상으로 강의를 진행하면서, 하나 된 조직의 모습을 보여준다. 회사 임원들과 직원들이 모두 참여하여 서로를 이해하려고 노력하는 모습이 보인다. 대표가 더 적극적으로 참여한다. 솔선수범의 자세이다. 백 명 정도의 구성원들이 함께 생활하다 보면, 스트레스와 갈등이 생긴다. 자신의 스트레스 지수가 어느 정도인지 체크하는 것도 중요하다. 풍선을 불어 자신의 스트레스를 써보라고 했다.

직원들은 대표나 임원들의 눈치를 보지 않고 '월급을 더 받고 싶어요. 일찍 끝나고 싶어요.' 이렇게 적은 직원들도 볼 수 있었다. 발표도 열심히 하고 풍선을 멋지게 터트린다. 세대 간의 스트레스 해소를 위해 20대에서 50대 직원을 나오라고 했다. 열 명의 직원이 나와 〈아모르파티〉음악에 맞춰 춤을 춘다. 서로 하나가 되는 자리이다. 강의실 분위기는 더욱 좋아진다. 고마운 마음을 전달하기도 했다. 커피 쿠폰을 전달하면서 나의 마음도 뿌듯했다. 청강자와 나눌 수 있다는 마음에 기쁨도 두 배이다. 서로 존중하고 웃으며 소통하는 것이 나의 강의 방법이다. 사람과 공동체를 어떻게 바라볼 것인가를 정하는 변화와 성장의 강의 방식이다. 강의가 끝난 후 교육 담당자가 "강사님 덕분에 너무 좋은 강의도 듣고 만족도도 높습니다. 감사합니다."라고 말했다. 이런 말을 듣고 나면 강사로서 뿌듯하고 행복해진다.

청강자들을 만나러 가는 길은 언제나 설레지만, 걱정도 된다. 휴게소에서 바쁘게 움직이는 사람들을 보면서 걱정을 없애 본다. 봄꽃들이 피어 있는 모습이 즐거움을 준다. 한 시간을 달려 도착한 곳은 A 노인복지관이다. 복지관 입구는 파스텔 색들이 어우러져 있는 예쁜 건물이다. 유치원 같은 느낌이 든다. 어르신들과 함께하는 시간은 감사한 마음이 가득하다. 강사의 몸짓과 목소리에 의해 반응이 다르다. 어르신들이 일하는 직장은 여러 가지 의미가 있다. 사회의 일원으로 공헌하고자 하는 마음이 크다. 직장 예절과 사람들과 관계에 대한 주제로 진행한다. 살아온 삶을 존중하면서 강의를 진행한다. 공감도 잘하고 반응도 긍정적이다. 강의 대상자들 중에서 반응이 제일 좋다.

　〈소풍 같은 인생〉으로 서로 마주 보며 춤도 추고 노래도 부르면서 기뻐하는 모습을 볼 수 있다. 강의를 하면서 호칭은 선생님이라고 부르기로 한다. "선생님들을 뵈러 오늘 소풍 오는 마음으로 왔습니다."라고 말을 하니 반응이 너무 좋았다. 촛대바위가 있고, 관동팔경으로 유명한 동해에서 왔다고 하니, 말을 건네는 어른들도 있었다. 쉬는 시간은 중요하다. 서로를 알아갈 수 있고 진심을 전달할 수 있기 때문이다. 먼저 말을 건네주기도 한다. "TV에 나오는 사람인가요? 참 잘한다." 웃으면서 말을 해주는 어르신들의 모습에서 보람을 느낀다. 인사를 건네고 나가는 엘리베이터에서도 따뜻한 말, 지지되는 말, 격려되는 말들을 해준다. 가슴이 벅차오르는 만족감을 안고 하루를 정리해 본다.

강사를 처음 시작할 때, 설레고 떨린 마음은 지금도 떠오른다. 대상자들에 따라, 주제에 따라 강의는 다르지만 공통분모는 있다. 강사로서 신념과 가치다. 스마트한 소통으로 행복을 나누고 싶은 강사가 나의 바람이다. 소통은 관계 형성에 있어 가장 중요하다. 원활한 소통으로 행복을 나눌 수 있다. 모든 사람은 대화가 필요하다. 대화를 하려면 공간이 중요하다. 미국 도시사회학자 레이 올드버그는 제3의 공간을 제시한다. 이 공간에서 사람들과 행복을 나눌 수 있고, 공동체를 만들 수 있다.

강의를 진행할 때마다 느끼는 행복감은 크다. 강사로서 영화와 음악으로 나만의 독특하고 트렌디한 강의안을 만들어 다양한 청강자와 소통하려고 한다. 많은 매체를 활용하여 동기 유발을 극대화한다. 강사는 자신만의 스토리텔링으로 말하는 존재이다. 오늘도 소통할 수 있는 강사로 나아가고 있다.

10

경험은
최고의 가치

(정영혜)

　강사들은 출강할 때 강의 여행 간다고 표현한다. 여행은 항상 설레고 기분이 좋다. 낯선 곳에서 낯선 사람들을 만나고 새로운 경험을 한다. 다른 문화와 음식, 사람들과의 만남에서 깨달음이 있기도 하고 평소와는 다른 다양한 생각도 하게 된다. 여행의 목적은 일상에서 벗어나 쉼을 갖고 스트레스를 푸는 것이다. 예전에 가보지 못한 길을 조심스레 찾아가는 것도, 설레는 재미다. 강의를 마치고 집으로 돌아오는 길에 그 지역 맛집에 들러서 식사까지 하고 온다면 더욱 멋진 여행이 된다. '강의 여행'이라는 표현에 공감한다. 한 기관에 연이어 몇 회차 가기도 하지만 대부분 새로운 곳에 출강한다. 강의 여행이 되려면 강의 준비가 완벽하게 되어 있어야 즐거운 여행이 되는데 그렇지 못하면 여행가면서 필수품을 제대로 챙겨가지 않은 것과 마찬가지이다.

교육 대상자에 맞는 강의안 준비가 끝나면, 강의장에 서서 직접 교육하듯이 혼자만의 리허설을 한다. 그래야 신나는 강의 여행을 시작할 수 있다. 제대로 강의 준비를 하지 않으면 강사가 횡설수설 무슨 말을 하는지 알아들을 수가 없기 때문이다. 외부 강의를 시작한 지 아직 1년이 되지 않았다. 강의는 설렘과 긴장이 반반이다. 아직은 설렘보다 긴장감이 더 크고, 적절한 스트레스보다 조금 더 스트레스를 받고 있다. 실수는 하지 않을지, 방송 시스템이 오류가 나지는 않을지, 강사를 당황하게 하는 교육 대상자가 있지는 않을지, 여러 가지 상황이 걱정되기도 한다. 하지만 우리가 하는 걱정은 램프 증후군처럼 잘 일어나지 않는다는 걸 알면서도 교육을 마치고 나올 때까지 걱정이 되는 건 어쩔 수 없다.

며칠 전에 듣고 싶은 교육 주제를 골라 ZOOM 강의를 들었다. 40대의 예쁜 강사는 강의 준비를 많이 한 정성은 보였지만 이론을 전달할 뿐 마음으로 그 교육의 중요성을 전하는 울림이 없었다. '아, 바로 이거다. 50대 강사라고 주눅 들지 말자. 내 삶에서 우러나오는 경험의 메시지를 전하는 강사가 되자.' 경험만큼 소중한 재산은 없고, 경험만큼 위대한 교육도 없다는 걸 깨달았다.

30년이 넘는 오랜 시간 부모님들과 아이들과 함께 지내면서 유아교육인의 길을 걸어왔기에 부모교육에서 전할 메시지가 있고, 교사교육에서 전할 메시지가 있다. 교사로서 선배이기에 그들의 힘든 마음을 헤아리며 용기를 주고, 직무 스트레스를 푸는 방법을 알려줄 수 있다. 교육자로 걸어온 시간 동안, 강의할 때 전할 수 있는 값진 경험을 많이 가지고 있음에 감사하다. 기업체 강의를 의뢰받고 한 달 내내 긴장감에 힘들었던 적이 있다. 일곱 시간 동안 기업 임원연수를 베테랑 강사처럼 당당하게 해낼 수 있었던 것은 30년이 넘는 직장생활 경험이 있었기에 가능했다. 경험은 경력을 넘어 자신감이 된다.

강의를 시작한 지 아직 일 년이 채 되지 않았다. 강사가 된 나를 뒤돌아본다. 교육생들은 강사의 말 한마디에 고개를 끄떡이며 공감하고 울기도 하고 웃기도 한다. 마음에서 우러나오는 진정성을 전했기 때문일 것이다. 내가 살아온 삶의 경험으로 다른 사람에게 도움이 되는 강사가 되려고 노력하고 있다. 회사에서 의무적으로 들어야 하는 강의라 하더라도 교육 대상자들이 강의를 듣고 '맞아, 나에게도 저런 면이 있었지. 나도 괜찮은 사람인데, 자신감을 가지고 용기를 내자.'라는 다짐을 하게 하고 그 사람 인생에 1%의 변화를 줄 수 있다면 강사로서 가장 보람된 일이다.

노력하면 못 할 것이 없다. 강사가 노력하는 만큼 교육생들은 교육에서 보람을 찾고, 강의 듣는 시간이 아깝지 않고 행복할 것이다. 경험에서 깨달은 삶의 지혜를 전하면서 사람의 향기가 전해지는 그런 강사가 되기 위해 책을 읽고, 연구하고, 강의 준비에 열심히 노력하고 있다. 최근 〈국민강사교육협회〉 송주하 대표 강사님이 『리딩타임』이라는 제목으로 세 번째 개인 저서를 출간했다. 작가는 내가 실천하지 못하는 일상을 철저하게 실천하고 있기에 요즘 『리딩타임』 읽는 재미에 빠져 있다. 내가 원하는 시간에 작가님을 불러 데이트를 한다. 데이트 장소는 내가 정한다. 침대 위에서, 책상에 앉아서, 비행기 안에서, 사무실에서 책을 펼치면 작가님이 나를 만나러 온다. 책을 읽으면서 알게 되었다. 글에서 작가의 마음이 보인다는 사실을. 어떤 마음으로 살아왔고 지금은 어떤 마음으로 살고 있는지 글에서 마음을 알 수 있다.

친구나 지인을 만나서 이야기하다 보면 상대방의 말에서 인격이 보인다. 강사는 말하는 직업이다. 그렇다면 내가 강의할 때 교육 대상자들에게 내 인격은 어떻게 보일까? 강사 자격증을 취득하고 석사, 박사 학위가 있다고 해서 훌륭한 강사가 될 수 있을까? 그 사람의 삶이 다른 사람에게 모범이 되어야 한다는 것을, 강의 횟수가 많아질수록 절실하게 깨달아가고 있다.

몇 해 전 어린이집에 다니고 있는 원아의 어머니가 경찰서에 아동학대 의심 신고를 했다. 경찰관 두 명, 아동보호전문기관 담당자 두 명, 구청

담당자 두 명이 갑자기 어린이집에 우르르 들이닥쳤다. 억울함에 숨을 쉴 수가 없었다. 어제까지 콧소리로 원장님을 부르던 엄마가, 아동학대 신고를 했다는 배신감이 너무 크고 억장이 무너져서 자살까지 생각했었다. 그러다 문득, 만약 내가 자살하고 이 세상에 없을 때 아동학대가 사실이니까 죽었다고 할까 봐, 진실을 밝혀야겠다는 마음에 죽지 않고 살았다. 이 경험은 자살 예방 교육 때 소중한 사례가 되었고 생명의 소중함을 전하고 있다.

친정어머니는 세상에서 가장 존경하는 사람이다. 열여덟 살에 시집와서 가난한 집안의 맏며느리로 52년을 살았다. 맏며느리의 삶이 얼마나 힘든지를 보고 자랐다. 선배가 장남인 남편을 소개했을 때 걱정되어 엄마에게 물었다.

"엄마, 선배가 좋은 사람 있다고 만나보라는데 그 사람이 장남이래요."
엄마는 잠시 생각을 하더니

"너는 둘째 아들부터 낳을래?"
어머니는 항상 긍정적이었고, 나보다 남을 위해 베푸는 삶을 살았다.

나는 친할머니와 함께 대가족으로 살았기에 어른 공경이 낯설지 않고, 3남 1녀로 성장했기에 서로 나눌 줄 아는 삶을 배웠다. 결혼해서는 집안에서 고집 세다고 소문난 시아버지와 공주님 같은 시어머니를 모시고 4년 넘게 함께 살았기에 어떤 어른을 만나도 대처가 가능하다. 내가 살아

온 삶에서 강의 대상자들에게 힘이 되는 말을 정성 들여 전하고 있다.

　강사로서 앞으로의 비전은 '유아교육 관련 강의 섭외 1순위 강사'가 되는 것이다. 30년을 유아교육 관련 일을 했다. 벤자민 프랭클린은 "남의 경험에서 무언가를 배우는 것만큼 현명한 사람은 없다"고 하였다. 경험은 삶에서 최고의 가치다. 유아교육 관련 교육이 필요한 사람들에게 경험으로 지혜를 전하는 강사가 되려고 한다.

　저녁 먹고 강의안을 준비하려고 책상에 앉았는데 벌써 새벽이 훤하게 밝아온다. 블로그 모임 시간이 다가온다. 어제 저녁 특강 시간에 보았던 강사님들을 또 만난다. 얼른 세수하고 옷 갈아입고 줌을 열어야겠다. 오늘은 어떤 블로그가 올라올까?

마치는 글

권은예 : "시작은 미약하나 끝은 창대하리라."라는 말이 있습니다. 우연한 만남에서 시작된 내 인생의 터닝 포인트! 대학원에 진학하여 사회복지학을 전공하게 되었습니다. 네 명의 아이를 키우던 가정주부가 강사가 되었습니다. 생각지도 못한 길이었습니다. 〈국민강사교육협회〉와 소중한 인연을 맺으며 또 다른 삶이 찾아왔습니다. 함께 배우고 성장하며 같은 곳을 향해 걸어가고 싶습니다. "꿈은 반드시 이루어진다."라는 믿음을 가지고 앞으로 더 다양한 분야에서 만나게 되기를 소망합니다.

김규인 : 나의 꿈이 누군가에게 또 다른 꿈을 안겨줄 거라 믿습니다. 나의 말 한마디, 내가 쓰는 문장 하나가 누군가를 살릴 수도 있다는 마음으로 강의에 임하고 있습니다. '교육'이라는 매체를 통해 강의하고 제가 가지고 있는 역량이 국내는 물론, 전 세계를 변화시킬 수 있다고 믿습니다. 내 안에 있는 무한한 가능성과 잠재력을 믿고, 세상을 이롭게 한다는 마음과 사명감으로 이 길을 걷습니다. 인생의 주인공은 '나'이기에 찬란하고 아름다운 세상, 마음껏 누리고 나누며 살겠습니다.

김영애 : 내게 주어진 시간을 차근차근 담아 의미 있고 가치 있는 강사로서 마침표를 찍고 싶습니다. 매 시간 강사가 되기 위해 노력한 만큼 그 노력의 대가로 사람들의 마음을 울리고 싶습니다. 사람들에게 선한 영향력을 끼치며 따뜻한 사랑과 희망을 전하는 강사로 기억되고 싶습니다.

아름답고 살맛나는 세상으로 변화를 일으키고 싶습니다. 지금 내 시작은 미약하지만 내 끝은 창대하리라는 믿음을 갖고, 항상 노력하고 꿈을 꾸는 내 삶의 주인공으로 나누며 베풀며 섬기며 살아가고 싶습니다.

김은주 : "자기의 일에 가치를 부여하라."라는 말이 있습니다. '강사로서 대단한 일을 하고 있구나.' 글을 쓰면서 깨닫게 됩니다. 세상에 가치 없는 삶은 없다고 합니다. 나를 믿는 삶을 실천해 봅니다. 삶의 주인공으로 존중하는 삶은 나를 내 삶의 주인공으로 만듭니다. 나는 형편없는 사람이라는 생각 대신 충분히 가치 있는 사람이라고 바꿉니다. 지금 하는 일은 나만이 할 수 있다는 가치를 부여하는 삶이 됩니다. 자신을 믿고 자신의 삶을 사랑하는 삶이 되면 좋겠습니다.

김창범 : 인생 2막을 '견뎌 내야만 하는 시간'으로 맞이했습니다. 조금은 두렵고 불안했습니다. 귀한 인연처럼 강사의 길을 만났습니다. 그 길은 내가 만들어 가야만 하는 새로운 길입니다. 공직 생활 40여 년간 느껴보지 못했던 삶과 자연의 냄새를 차분하게 맡고 싶습니다. 보고 만나는 순간순간을 더 아끼고 더 사랑할 것입니다. 그러한 삶을 이야기로 진솔하게 하나하나 엮어갈 것입니다. 아모르 파티(Amor fati), 강사의 길을 운명처럼 사랑하리라.

민혜영 : 경험은 창조하는 게 아니라 몸으로 겪어내는 것이라고 합니다. 강사가 되기 위해 오랫동안 꿈을 꿨습니다. 꿈을 현실로 만들어나가기 위해 많은 것에 도전했습니다. 도전은 경험을 만들어주었습니다. 경험은 나에게 기회를 주고, 능력을 주었습니다. 그 능력을 갖추기 위해 강의하는 매 순간 최선을 다하고 있습니다. 강사가 영향력이 되는 시대, 꿈을 선물하는 강사로 선한 영향력을 전달하며 살고 싶습니다. 오늘도 누군가에게 꿈을 선물하기 위해 강의 현장에 서 있습니다.

박은주 : 끊임없는 도전과 발전에 대한 열정으로 전문 강사가 되었고, 여러 분야의 대상자들과 함께하는 모든 순간에 보람을 느낍니다. 함께하는 분들에게 큰 신뢰를 줄 수 있는 강사가 되는 것을 중요하게 생각합니다. 그래서 제 강의를 통해 의미 있는 시간을 함께 보내며, 즐겁게 성장하는 경험을 만들어 가고자 합니다. 사랑하는 일을 하며, 삶의 가치와 의미를 느끼면서 성장하는 모습을 돌아보면 마음이 따뜻해집니다. 이 순간이 참으로 행복합니다.

심규나 : 저는, 함께하는 학습자들과의 협력과 지속적인 성장을 바라고 있습니다. 사회적 문제에 대한 인식을 바탕으로, 적극적으로 행동하고 변화를 끌어내는 리더로 성장할 수 있도록 격려하고자 합니다. 강의자로서 역할을 온전히 수행하고, 성장과 발전을 위한 노력을 게을리하지 않

도록 할 것입니다. 그리고 의미 있는 교육 경험을 만들어 가고자 합니다. 마지막으로 저의 글을 읽으시는 모든 분에게 동기 부여가 되는 글이 되었기를 바라는 마음입니다. 감사합니다.

이현주 : "행복은 지속적으로 향상시킬 수 있다." 오늘도 스마트한 소통으로 행복을 나눌 수 있는 강사가 되고 싶습니다. 강사로 살 수 있는 나의 용기는 〈국민강사교육협회〉 김규인 회장님과 강사님들 덕분입니다. 공저를 통해 함께이기에 가능한 배움과 성장의 소중한 시간을 간직합니다. 끊임없는 자기 격려로 건강한 우월성을 추구할 수 있어 감사드립니다. 오늘도 자기 완성의 시간으로 행복을 나누어 봅니다.

정영혜 : "노력하면 무슨 일이든 할 수 있다. 그러나 인간적인 향기는 잃지 말자." 평소 삶의 철학입니다. 제2의 명함, 명강사가 되기 위해 최선의 노력을 다하고 있습니다. 여러 분야의 강사 자격을 취득하고도 여전히 예비 강사에 머물러 있었습니다. 〈국민강사교육협회〉를 만나서 강사로 출발했고 꿈을 향해 전진하고 있습니다. 유아교육 현장 경험은 소중한 경력이 되어, 강의도 유아교육 현장처럼 신나고 즐겁습니다. 이번 공저를 준비하면서 강사로서의 나를 되돌아보는 시간이 되었습니다. 혼자가 아닙니다. 서로 격려하고 함께하기에 강의도, 공저도 가능했습니다. 〈국민강사교육협회〉 김규인 회장님과 모든 강사님께 감사를 드립니다.